本書の特長と使い方

この本は，中学２年生で習う５教科のうち，必ず覚えておきたい基本事項や，試験によく出る重要事項を，スキマ時間にどこでも手軽に確認できます。

スマホで取り組める一問一答形式の ICT コンテンツが付いており，本とスマホのどちらを用いても学習できるようになっています。

●本と赤シートを

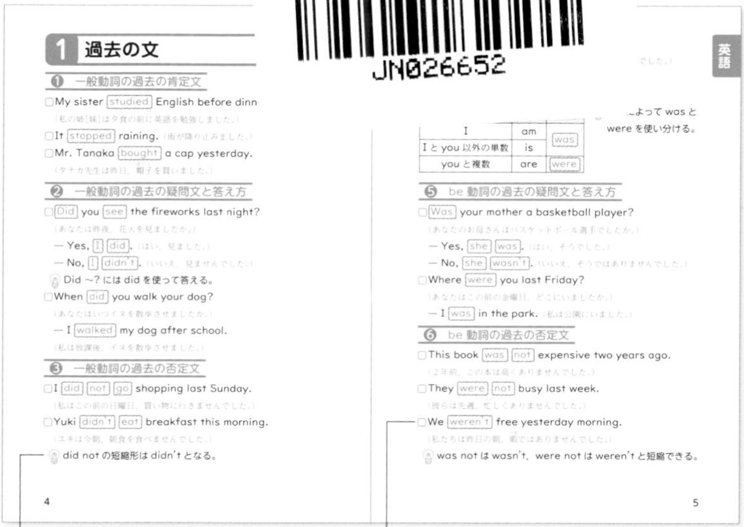

1 過去の文

❶ 一般動詞の過去の肯定文

□My sister studied English before dinn

□It stopped raining.

□Mr. Tanaka bought a cap yesterday.

❷ 一般動詞の過去の疑問文と答え方

□Did you see the fireworks last night?

— Yes, I did.

— No, I didn't.

Did ～? には did を使って答える。

□When did you walk your dog?

— I walked my dog after school.

❸ 一般動詞の過去の否定文

□I did not go shopping last Sunday.

□Yuki didn't eat breakfast this morning.

did not の短縮形は didn't となる。

4

英語

…よって was と were を使い分ける。

I	am	was
I と you 以外の単数	is	
you と複数	are	were

❺ be 動詞の過去の疑問文と答え方

□Was your mother a basketball player?

— Yes, she was.

— No, she wasn't.

□Where were you last Friday?

— I was in the park.

❻ be 動詞の過去の否定文

□This book was not expensive two years ago.

□They were not busy last week.

□We weren't free yesterday morning.

was not は wasn't，were not は weren't と短縮できる。

5

公式や知識，注意点などを補足して説明しています。

簡単な例題や暗記事項を，箇条書きで端的にまとめています。

●スマホやタブレットを使って確認！

下の QR コード，または各教科のもくじにある QR コードから，本書の内容を一問一答形式で確認できます。

PCから https://cds.chart.co.jp/books/3d7euz10g6#000

この本で学ぶ内容が一問一答になっていて，手軽に確認できるね！

数研公式キャラクター
数犬《すうけん》チャ太郎《たろう》

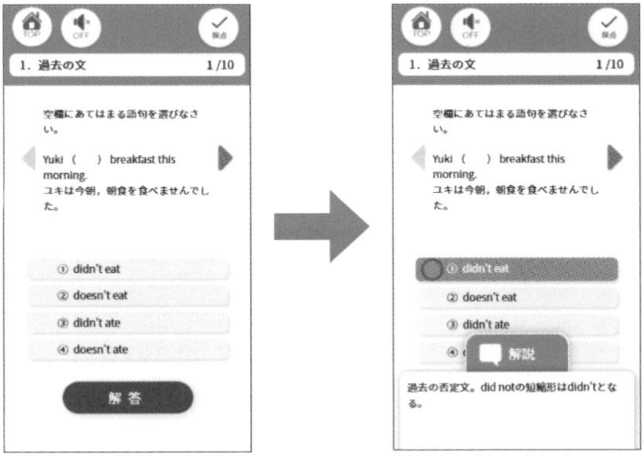

便利な使い方

最初に QR コードを読み込んだ際，ページをホーム画面に追加することで，その後は毎回 QR コードを読み込まなくても起動できるようになります。詳しくは，左上のメニューバーの「≡」▶「ヘルプ」▶「便利な使い方」をご覧ください。

英語

スマホで一問一答！

1 過去の文

❶ 一般動詞の過去の肯定文

□My sister studied English before dinner.

（私の姉[妹]は夕食の前に英語を勉強しました。）

□It stopped raining.（雨が降り止みました。）

□Mr. Tanaka bought a cap yesterday.

（タナカ先生は昨日，帽《ぼう》子《し》を買いました。）

❷ 一般動詞の過去の疑問文と答え方

□Did you see the fireworks last night?

（あなたは昨夜，花火を見ましたか。）

— Yes, I did.（はい，見ました。）

— No, I didn't.（いいえ，見ませんでした。）

Did ～? には did を使って答える。

□When did you walk your dog?

（あなたはいつイヌを散歩させましたか。）

— I walked my dog after school.

（私は放課後，イヌを散歩させました。）

❸ 一般動詞の過去の否定文

□I did not go shopping last Sunday.

（私はこの前の日曜日，買い物に行きませんでした。）

□Yuki didn't eat breakfast this morning.

（ユキは今朝，朝食を食べませんでした。）

did not の短縮形は didn't となる。

④ be 動詞の過去の肯定文

□I was a student last year.（私は昨年，学生でした。）

□They were hungry this morning.

（彼《かれ》らは今朝，空腹でした。）

主語	現在形	過去形
I	am	was
I と you 以外の単数	is	
you と複数	are	were

主語によって was と were を使い分ける。

⑤ be 動詞の過去の疑問文と答え方

□Was your mother a basketball player?

（あなたのお母さんはバスケットボール選手でしたか。）

— Yes, she was.（はい，そうでした。）

— No, she wasn't.（いいえ，そうではありませんでした。）

□Where were you last Friday?

（あなたはこの前の金曜日，どこにいましたか。）

— I was in the park.（私は公園にいました。）

⑥ be 動詞の過去の否定文

□This book was not expensive two years ago.

（２年前，この本は高くありませんでした。）

□They were not busy last week.

（彼らは先週，忙《いそが》しくありませんでした。）

□We weren't free yesterday morning.

（私たちは昨日の朝，暇《ひま》ではありませんでした。）

was not は wasn't，were not は weren't と短縮できる。

2 過去進行形の文

❶ 過去進行形の肯定文

□I was studying English at five yesterday.

（私は昨日，５時に英語を勉強していました。）

「～していた」という過去のあるときに行っていた動作は，〈was [were] ＋動詞の ing 形〉で表す。

was，were は主語によって使い分ける。

□Naoto was playing soccer an hour ago.

（ナオトは１時間前，サッカーをしていました。）

□We were dancing at that time.

（私たちはそのとき，踊《おど》っていました。）

□They were writing a letter then.

（彼《かれ》らはそのとき，手紙を書いていました。）

□Yuri was running at eight last night.

（ユリは昨夜８時に，走っていました。）

動詞の ing 形の作り方

ing 形の作り方	例	
そのまま ing をつける	go → going study → studying	play → playing wait → waiting
最後の e をとって ing をつける	come → coming take → taking	make → making write → writing
最後の子音字を重ねて ing をつける	get → getting swim → swimming	run → running

❷ 過去進行形の疑問文と答え方

□ Was Ms. White walking in the park then?

（ホワイトさんはそのとき，公園を歩いていましたか。）

— Yes, she was.（はい，歩いていました。）

— No, she wasn't.（いいえ，歩いていませんでした。）

疑問文は was [were] を主語の前に置く。答えるときも was [were] を使う。

□ Were you making dinner at four?

（あなたたちは４時に夕食を作っていましたか。）

— Yes, we were.（はい，作っていました。）

— No, we weren't.（いいえ，作っていませんでした。）

□ What were they watching then?

（彼らはそのとき，何を見ていましたか。）

— They were watching a baseball game.

（彼らは野球の試合を見ていました。）

疑問詞を含《ふく》む過去進行形の疑問文は，疑問詞を先頭に置く。

❸ 過去進行形の否定文

□ I was not reading a book in my room.

（私は部屋で本を読んでいませんでした。）

否定文は was [were] のあとに not を置く。

□ He wasn't eating breakfast at six.

（彼は６時に朝食を食べていませんでした。）

□ My friends weren't talking with Mike.

（私の友達はマイクと話していませんでした。）

3 未来を表す文

❶ be going to ～ の肯定文

□I am going to travel next week.

（私は来週，旅行に行くつもりです。）

「～するつもりだ」「～する予定だ」と，あらかじめ決めていた予定や未来は，be going to ～で表す。be 動詞は主語によって使い分ける。to のあとの動詞は原形になる。

□We are going to clean your room tomorrow.

（私たちは明日，あなたの部屋を掃《そう》除《じ》する予定です。）

❷ be going to ～の疑問文と答え方

□Are you going to meet your friend this afternoon?

（あなたは今日の午後，友達と会うつもりですか。）

— Yes, I am.（はい，そのつもりです。）

— No, I'm not.（いいえ，そのつもりはありません。）

疑問文は be 動詞を主語の前に置く。

□When are you going to visit Tokyo?

（あなたはいつ東京を訪《おとず》れるつもりですか。）

— I am going to visit Tokyo next year.

（私は来年，東京を訪れるつもりです。）

❸ be going to ～の否定文

□He isn't going to go shopping next Saturday.

（彼《かれ》は次の土曜日，買い物に行くつもりではありません。）

否定文は be 動詞のあとに not を置く。

④ will の肯定文

□I will study for the test next month.

（私は来月のテストのために勉強するつもりです。）

「～するつもりだ」「～するだろう」と，そのときに決めた予定や未来は，will を使って表す。

will のあとには動詞の原形を置く。

□It will rain tomorrow.（明日は雨が降るでしょう。）

⑤ will の疑問文と答え方

□Will you make dinner in the evening?

（あなたは夕方，夕食を作るつもりですか。）

— Yes, I will.（はい，作るつもりです。）

— No, I will not.（いいえ，作るつもりはありません。）

疑問文は will を主語の前に置く。

□What will you learn at college?

（あなたは大学で何を学ぶつもりですか。）

— I will learn science.（私は科学を学ぶつもりです。）

疑問詞を含む will の疑問文は，疑問詞を先頭に置く。

⑥ will の否定文

□He will not watch TV today.

（彼は今日，テレビを見るつもりはありません。）

□Anny won't call her father.

（アニーはお父さんに電話をかけるつもりはありません。）

否定文は will のあとに not を置く。

will not の短縮形は won't となる。

4 助動詞①

❶ must の文

□You must go to school by eight o'clock.

（あなたは８時までに学校に行かなければなりません。）

「～しなければならない」という義務や命令は，must を使って表す。must のあとには動詞の原形を置く。

□He must not run now.（彼《かれ》は今，走ってはいけません。）

must not は「～してはいけない」と禁止を表す。

❷ have to の文

□I have to finish my homework.

（私は宿題を終わらせなくてはなりません。）

□Saya has to leave home soon.

（サヤはすぐに家を出なければなりません。）

「～しなければならない」という必要性や義務は，have to ～を使って表す。主語が３人称《にんしょう》単数のときは，has to ～の形にする。to のあとの動詞は原形になる。

□Do you have to study hard today?

（あなたは今日，熱心に勉強しなければなりませんか。）

— Yes, I do.（はい，しなければなりません。）

— No, I don't have to.

（いいえ，その必要はありません。）

□You don't have to clean this room.

（あなたはこの部屋を掃除《そうじ》する必要はありません。）

don't have to ～は「～する必要はない」と不必要を表す。

❸ should の文

□You should read this book.

（あなたはこの本を読むべきです。）

「～するべきだ」という義務は，should を使って表す。

□Should I watch these movies?

（私はこれらの映画を見るべきですか。）

— Yes, you should.（はい，見るべきです。）

— No, you should not.

（いいえ，見るべきではありません。）

□She should not say such a thing.

（彼女《かのじょ》はそのようなことを言うべきではありません。）

□We shouldn't take a picture here.

（私たちはここで写真を撮《と》るべきではありません。）

should not の短縮形は shouldn't となる。

❹ may の文

□It may rain today.（今日は雨が降るかもしれません。）

「～かもしれない」という推測や，「～してよい」という許可は，may を使って表す。

□You may use this computer.

（あなたはこのコンピュータを使ってもいいです。）

□May I open the window?（窓を開けてもいいですか。）

— Sure. / Of course.（いいですよ。）

— I'm sorry, you can't.（すみませんが，だめです。）

May I ～? で「～してもいいですか。」という意味を表す。

5 助動詞②

❶ 依頼の文

□ Can you take me to the airport?

（私を空港に連れて行ってくれませんか。）

— Sure.（いいですよ。）

「～してくれませんか。」という依頼《いらい》の意味を表すときは，Can you ～? か Will you ～? を使う。

□ Will you teach me English?

（私に英語を教えてくれませんか。）

— Of course.（いいですよ。）

□ Could you make dinner?

（夕食を作っていただけませんか。）

「～していただけませんか。」と，よりていねいな依頼を表すときは，Could you ～? か Would you ～? を使う。

□ Would you speak English?

（英語を話していただけませんか。）

❷ 提案の文

□ Would you like some juice?

（ジュースはいかがですか。）

— Yes, please.（はい，お願いします。）

— No, thank you.

（けっこうです，ありがとうございます。）

「～はいかがですか。」と，相手に何かをすすめるときは，Would you like ～? を使う。

□ Would you like to play tennis?

（テニスをするのはどうですか。）

— Yes, I'd love to.（はい，ぜひ。）

— I'd love to, but I can't.

（そうしたいのですが，できません。）

「～するのはどうですか。」と相手に提案するときは，
Would you like to ～? か Why don't you ～? を使う。

□ Why don't you go to the concert tonight?

（今夜，そのコンサートに行ってはどうですか。）

— Sounds good.（いいですね。）

— That's a good idea, but I can't.

（それはいい考えなのですが，行けません。）

❸ 提案・勧誘の文

□ Shall I open the door?（ドアを開けましょうか。）

— Yes, please.（はい，お願いします。）

— No, thank you.（けっこうです，ありがとうございます。）

「(私が)～しましょうか。」と相手に申し出るときは，
Shall I ～? を使う。

□ Shall we go shopping next Sunday?

（次の日曜日に買い物に行きませんか。）

— Yes, let's.（はい，そうしましょう。）

— No, let's not.（いいえ，やめましょう。）

「(一緒《いっしょ》に)～しませんか。」と相手をさそうときは，
Shall we ～? を使う。

6 There is[are] ～. の文

❶ There is[are] ～. の肯定文

□ There is a cat under the table.

（テーブルの下にネコがいます。）

□ There are two trees in the garden.

（庭に２本の木があります。）

「～がいる」「～がある」は，There is[are] ～. で表す。be 動詞は，そのあとに続く名詞が単数か複数かによって使い分ける。

□ There was a ball in the box.

（箱の中にボールがありました。）

was，were を用いることで，「～がいた」「～があった」という過去の文にできる。

❷ There is[are] ～. の疑問文と答え方

□ Is there a hospital near your house?

（あなたの家の近くに病院はありますか。）

— Yes, there is.（はい，あります。）

— No, there isn't.（いいえ，ありません。）

疑問文は there の前に be 動詞を置く。

□ Are there any chairs in this room?

（この部屋にいくつかいすはありますか。）

— Yes, there are.（はい，あります。）

— No, there aren't.（いいえ，ありません。）

□ Was there a station in your town ten years ago?

（10 年前，あなたの町に駅はありましたか。）

— Yes, there was. （はい，ありました。）

— No, there wasn't. （いいえ，ありませんでした。）

□ Were there many stores here?

（ここにはたくさんのお店がありましたか。）

— Yes, there were. （はい，ありました。）

— No, there weren't. （いいえ，ありませんでした。）

□ How many people are there in your family?

（あなたの家族は何人ですか。）

— There are four people in my family.

（私の家族は 4 人います。）

〈How many ＋名詞の複数形＋ are there ～?〉の形で数をたずねることができる。

❸ There is [are] ～. の否定文

□ There isn't a lion in the zoo.

（その動物園にはライオンはいません。）

否定文は be 動詞のあとに not を置く。

□ There aren't any pictures in our classroom.

（私たちの教室には絵が 1 枚もありません。）

□ There was not a pool in my town.

（私の町にプールはありませんでした。）

□ There were not any apples in the basket.

（バスケットの中にはリンゴは 1 つもありませんでした。）

□ There weren't any girls in the festival.

（そのお祭りには女の子が 1 人もいませんでした。）

7 接続詞

❶ if の文

□If it is sunny tomorrow, I will go to the park.

（もし明日晴れなら，私は公園に行きます。）

「もし～なら」という条件の意味を表すときは，if を使う。〈If ～, ...〉か〈... if ～.〉の形で使う。前半にくるときはコンマを置く。

〈if ～〉の部分では，未来のことも現在の形で表す。

□If it is rainy tomorrow, I will read books at home.

（もし明日雨ならば，私は家で本を読むつもりです。）

□I will help you if you are busy.

（もしあなたが忙《いそが》しいなら，私はあなたを手伝います。）

□Let's go shopping if you are free next Sunday.

（もしあなたが次の日曜日に暇《ひま》なら，買い物に行きましょう。）

❷ when の文

□When I was a student, I often played soccer after school.

（私は学生だったとき，よく放課後にサッカーをしました。）

「～するとき」という意味を表すときは，when を使う。〈When ～, ...〉か〈... when ～.〉の形で使う。前半にくるときはコンマを置く。

□I was watching TV when my father came home.

（父が帰宅したとき，私はテレビを見ていました。）

③ that の文

□I think that your idea is interesting.

(私はあなたの考えはおもしろいと思います。)

「～ということ」という意味を表すときは，that を使う。この that は省略できる。

□He says that this story is boring.

(彼《かれ》はこの物語は退屈《たいくつ》だと言います。)

□Takuya was glad that he found his key.

(タクヤはかぎを見つけてうれしかったです。)

形容詞のあとに〈that ～〉を続けて，その形容詞の理由や内容を表すことができる。

④ because の文

□I stayed home because I was sick.

(私は気分が悪かったので，家にいました。)

「～なので」「～だから」という理由の意味を表すときは，because を使う。〈Because ～, ...〉か〈... because ～.〉の形で使う。前半にくるときはコンマを置く。

□Mari will study abroad because she wants to study English. (マリは英語を勉強したいので留学します。)

□Why do you get up early? (あなたはなぜ早起きしますか。)

— Because I have to make breakfast.

(なぜなら朝食を作らなければならないからです。)

Why ～?「なぜ～。」に「なぜなら…だからです。」と理由を答えるときは Because .... で表す。

8 不定詞，動名詞

❶ 不定詞（名詞的用法）

□I want to be a teacher in the future.

（私は将来，先生になりたいです。）

〈to ＋動詞の原形〉を不定詞という。

「～すること」を表す不定詞を名詞的用法といい，文の主語や補語，動詞の目的語として使える。

□To speak English is fun.

（英語を話すことは楽しいです。）

□It started to rain.（雨が降り始めました。）

❷ 不定詞（副詞的用法）

□I went to the library to borrow a book.

（私は本を借りるために図書館に行きました。）

「～するために」と目的を表す不定詞を副詞的用法という。

□Why do you study so hard?

（あなたはなぜそんなに熱心に勉強するのですか。）

— To be a doctor.（医者になるためです。）

Why ～?「なぜ～。」に対して「…するためです。」と目的を答えるとき，副詞的用法の不定詞で表すことができる。

□My mother was glad to hear that news.

（私の母はそのニュースを聞いてうれしかったです。）

副詞的用法の不定詞は，感情を表す形容詞のあとに続けて，「～して」とその形容詞の理由を表すことができる。

❸ 不定詞（形容詞的用法）

□I have a picture to show you.

（私はあなたに見せる写真を持っています。）

名詞のあとに置いて，その名詞に「～する(ための)」「～すべき」という意味を加える不定詞を形容詞的用法という。

□She wants something cold to drink.

（彼女《かのじょ》は何か冷たい飲み物がほしいです。）

something を使って「何か…な～するもの」を表すときは，〈something ＋形容詞＋ to ＋動詞の原形 ～〉の形になる。

❹ 動名詞

□We enjoyed talking with Mike.

（私たちはマイクと話して楽しみました。）

「～すること」を表す〈動詞の ing 形〉を動名詞という。動名詞は文の主語や補語，動詞や前置詞の目的語として使える。

□Reading books is interesting.

（本を読むことはおもしろいです。）

□My job is teaching math.

（私の仕事は数学を教えることです。）

□My sister is good at making cakes.

（私の姉[妹]はケーキを作るのが上手です。）

□Satoru practiced swimming in the pool.

（サトルはプールで泳ぐ練習をしました。）

enjoy や practice，finish，stop のあとに「～すること」を表す動詞を続ける場合，不定詞ではなく動名詞を続ける。

9 文型

❶ 〈look ＋形容詞〉

□She looks happy.（彼女《かのじょ》はうれしそうに見えます。）

「〜に見える」「〜のようだ」は，〈look ＋形容詞〉で表す。
〈主語＝形容詞〉の関係を表している。

□You looked busy yesterday.

（あなたは昨日，忙《いそが》しそうでした。）

□Kota doesn't look tired.

（コウタは疲《つか》れているように見えません。）

□Your idea sounds good.（あなたの考えはよさそうです。）

「〜に聞こえる」「〜のようだ」は，〈sound ＋形容詞〉で表す。

❷ 〈make ＋ A ＋ B〉の文

□This movie made Nana sad.

（この映画はナナを悲しくさせました。）

「A を B（形容詞）にする」は，〈make ＋ A ＋ B〉で表す。
〈A ＝ B（形容詞）〉の関係を表している。

□Her story always makes us excited.

（彼女の話はいつも私たちをわくわくさせます。）

□The news made him surprised.

（そのニュースは彼《かれ》を驚かせました。）

〈A〉の部分に代名詞が入る場合，目的格にする。

□What made her so angry?

（何が彼女をそんなに怒《おこ》らせたのですか。）

❸ SVOO の文

□Makoto bought Shinji a new cap.

（マコトはシンジに新しい帽《ぼう》子《し》を買いました。）

□Will you give me some water?

（私にいくらか水をくれませんか。）

buy や give などの動詞は，〈動詞＋A＋B〉の形で「A に B を～する」という意味を表す。

□Please show us your picture.

＝Please show your picture to us.

（私たちにあなたの写真を見せてください。）

□I'll make you dinner today.

＝I'll make dinner for you today.

（今日は，私があなたに夕食を作りましょう。）

〈show[give, send, teach など]＋A＋B〉は
〈show[give, send, teach など]＋B＋to＋A〉に，
〈buy[cook, make など]＋A＋B〉は
〈buy[cook, make など]＋B＋for＋A〉に書きかえられる。

❹ 〈call＋A＋B〉の文

□My friends call me Shin.（私の友達は私をシンと呼びます。）

「A を B と呼ぶ」は，〈call＋A＋B〉で表す。
〈A＝B〉の関係を表している。

□Kenji calls his sister Emi-chan.

（ケンジは彼のお姉さん[妹さん]をエミちゃんと呼びます。）

□What do you call her?

（あなたは彼女を何と呼びますか。）

10 比較

❶ -er の比較級

□I am taller than my sister.

（私は妹[姉]よりも背が高いです。）

□I run faster than my father.

（私は父よりも速く走ります。）

形容詞や副詞に er や r をつけた形を比較級《ひかくきゅう》といい，「より～」という意味を表す。

「…よりも～」というときは〈比較級＋ than ...〉の形を使う。

❷ -est の最上級

□Mt. Fuji is the highest mountain in Japan.

（富士山は日本でいちばん高い山です。）

□Tony studies math the hardest in his class.

（トニーはクラスの中でいちばん熱心に数学を勉強します。）

形容詞や副詞に est や st をつけた形を最上級といい，「最も～」「いちばん～」という意味を表す。

「…の中で最も～」は，〈the ＋最上級＋ of[in] ...〉で表す。

□She is the oldest person of the five.

（彼女《かのじょ》は５人の中で最も年上です。）

複数のものの中で比べるときは of，場所や範囲《はんい》の中で比べるときは in を使う。

□This apple is the biggest of all.

（このリンゴはすべての中で最も大きいです。）

比較級・最上級の作り方

er，est のつけ方	比較級／最上級
多くの形容詞・副詞 → er，est をつける	hard（熱心に） → harder / hardest
-e で終わる語 → r，st をつける	large（大きい） → larger / largest
〈短母音 + 子音字〉で終わる語 →最後の子音字を重ねて er，est をつける	hot（暑い） → hotter / hottest
〈子音字 + y〉で終わる語 → y を i に変えて er，est をつける	busy（忙《いそが》しい） → busier / busiest

❸ more の比較級

□This picture is more beautiful than that one.

（この写真はあの写真より美しいです。）

つづりの長い語や，語末に -ly，-ful などがつく語は，more を使って比較級にする。

□Mary speaks more slowly than Cathy.

（メアリーはキャシーよりもゆっくり話します。）

❹ most の最上級

□She is the most popular singer in Canada.

（彼女はカナダで最も人気のある歌手です。）

つづりの長い語や，語末に -ly，-ful などがつく語は most を使って最上級にする。

□This book is the most difficult of the three.

（この本は３冊の中で最も難しいです。）

11 比較表現

❶ as ～ as ...

□I am as tall as Lisa.

（私はリサと同じくらいの背の高さです。）

「…と同じくらい～」は，〈as ～ as ...〉で表す。

□He is as old as my brother.

（彼《かれ》は私の兄[弟]と同い年です。）

□This box is as big as that one.

（この箱はあの箱と同じくらいの大きさです。）

□Yumi runs as fast as Nagisa.

（ユミはナギサと同じくらい速く走ります。）

❷ as ～ as ... の否定文

□I am not as rich as Tom.

（私はトムほどお金持ちではありません。）

〈not as ～ as ...〉の形で，「…ほど～ではない」という意味を表す。

□Mr. Smith is not as young as my brother.

（スミスさんは私の兄[弟]ほど若くありません。）

□This book is not as interesting as that one.

（この本はあの本ほどおもしろくありません。）

≒ That book is more interesting than this one.

（あの本はこの本よりおもしろいです。）

〈not as ～ as ...〉は比較級《ひかくきゅう》を使ってほぼ同じ内容に書きかえることができる。

③ better than ～の文

□I like English better than math.

（私は数学より英語が好きです。）

2つのものを比べて「BよりAが好きだ」というときは，〈like A better than B〉で表す。

□He likes baseball better than soccer.

（彼はサッカーより野球が好きです。）

□Which do you like better, dogs or cats?

（あなたはイヌとネコではどちらが好きですか。）

— I like dogs better.（私はイヌの方が好きです。）

2つのもののうち，どちらが好きかをたずねるときは，〈Which do you like better, A or B?〉で表す。

□Which do you like better, reading books or playing sports?

（あなたは本を読むのとスポーツをするのではどちらが好きですか。）

— I like reading books better.

（私は本を読む方が好きです。）

④ the best of ～の文

□I like basketball the best of all.

（私はすべての中でバスケットボールが最も好きです。）

3つ以上のものを比べて，「～がいちばん好きだ」というときは，〈like ～ the best〉で表す。

□Which season do you like the best?

（あなたはどの季節がいちばん好きですか。）

12 受け身の文

❶ 受け身の肯定文

□The room is cleaned every day.

（その部屋は毎日，掃除《そうじ》されています。）

「～される」「～されている」という受け身の意味を表す文は，〈be 動詞＋動詞の過去分詞〉で表す。

規則動詞の過去分詞は語尾《ごび》に -(e)d をつける。不規則動詞の過去分詞は右の表のようになる。

不規則動詞の変化表
buy（買う）— bought — bought
eat（食べる）— ate — eaten
find（見つける）— found — found
make（作る）— made — made
run（走る）— ran — run
read（読む）— read — read ※過去形，過去分詞は原形と発音が異なる。
take（とる）— took — taken
put（置く）— put — put
write（書く）— wrote — written

□This singer is loved by everyone.

（この歌手はみんなに愛されています。）

「～によって」と行為者《こういしゃ》を表すときは by を使う。

□That letter was written by Mike.

（あの手紙はマイクによって書かれました。）

「～された」という受け身の過去の文は，be 動詞を過去形にする。

❷ 受け身の疑問文と答え方

□Is the car used by your son?

（その車はあなたの息子《むすこ》によって使われていますか。）

— Yes, it is. （はい，使われています。）

— No, it isn't. （いいえ，使われていません。）

受け身の疑問文は be 動詞を主語の前に置く。答えるときは，be 動詞を使って答える。

□Are these pencils used by him?

（これらの鉛筆《えんぴつ》は彼《かれ》によって使われていますか。）

— Yes, they are. （はい，使われています。）

— No, they aren't. （いいえ，使われていません。）

□Were those pictures taken by her?

（あれらの写真は彼女《かのじょ》によって撮《と》られましたか。）

— Yes, they were. （はい，撮られました。）

— No, they weren't. （いいえ，撮られませんでした。）

❸ 受け身の否定文

□This camera isn't needed by Sam.

（このカメラはサムに必要とされていません。）

受け身の否定文は be 動詞のあとに not を置く。

□These birds aren't known to people in our town.

（これらの鳥は私たちの町の人々に知られていません。）

「～によって」を，by ではなくほかの前置詞で表すものもある。

□I wasn't surprised at the news.

（私はそのニュースに驚《おどろ》きませんでした。）

+α いろいろな熟語・会話表現

❶ 熟語

□I sometimes take care of my brother.

（私はときどき弟の世話をします。）

□Naoto is afraid of dogs.

（ナオトはイヌを怖《こわ》がります。）

□Your dream will come true.

（あなたの夢は実現するでしょう。）

□The students are interested in Japanese culture.

（生徒たちは日本の文化に興味があります。）

□I visited Okinawa for the first time.

（私は初めて沖縄を訪《おとず》れました。）

❷ 会話表現

□Why don't you call Kate?

（ケイトに電話してはどうですか。）

□I'd like to eat a hamburger.

（私はハンバーガーを食べたいです。）

□What a beautiful picture!

（なんて美しい写真なのでしょう。）

□How are you?（調子はどうですか。）

— Not so good.（あまりよくありません。）

□May I speak to John, please?

（[電話で]ジョンさんをお願いできますか。）

数　学

スマホで一問一答！

1 式の計算

❶ 単項式と多項式

□数や文字の乗法だけで表される式を単《たん》項《こう》式《しき》という。1つの文字や1つの数も単項式である。また，単項式の和の形として表される式を多《た》項《こう》式《しき》といい，そのひとつひとつの単項式を多項式の項という。

項のうち，特に，数だけの項を定数項という。

□$-a$ の次数は1，係数は-1，$7xy^2$ の次数は3，係数は7

単項式において，かけ合わされている文字の個数を次数，文字以外の数の部分を係数という。

□多項式 $2x^2-3x-4$ の項は$2x^2$，$-3x$，-4，次数は2

多項式の各項の次数のうちで最も大きいものを，その多項式の次数といい，次数が 1 の式を1次式，次数が 2 の式を2次式，次数が n の式をn次式という。

❷ 同類項

□1つの多項式で，文字の部分が同じである項を同類項という。

同類項は，分配法則を使って，1 つの項にまとめる。

分配法則　$am+bm=(a+b)m$

❸ 多項式の加法，減法

□$(5a+2b)+(3a-4b)=5a+2b+3a-4b=8a-2b$

□$(6a+3b)-(4a-b)=6a+3b-4a+b=2a+4b$

多項式の加法と減法は，かっこをはずし，同類項をまとめる。ひく式のかっこをはずすときは，各項の符《ふ》号《ごう》を変える。

❹ 多項式と数の乗法，除法

□$3(2x+3y)=\boxed{3}\times 2x+3\times\boxed{3y}=\boxed{6x}+\boxed{9y}$

多項式と数の乗法は，分配法則を使って計算する。

□$(8a+6b)\div 2=(8a+6b)\times\boxed{\dfrac{1}{2}}$

$=\boxed{4a}+\boxed{3b}$

多項式と数の除法は，乗法になおして計算する。

❺ 単項式の乗法，除法

□$5ab\times(-3a^2b)=5\times(\boxed{-3})\times ab\times\boxed{a^2b}=\boxed{-15a^3b^2}$

単項式どうしの乗法は，係数の積に文字の積をかける。

□$6x^2y^3\div\dfrac{2}{3}xy=6x^2y^3\times\boxed{\dfrac{3}{2xy}}=\boxed{9xy^2}$

単項式どうしの除法は，乗法になおして計算する。

❻ 式の値

□$x=4$，$y=-3$ のときの $4(x-3y)-3(2x-3y)$ の値を求めなさい。

$4(x-3y)-3(2x-3y)=4x-12y-\boxed{6x}+\boxed{9y}$

$=\boxed{-2x-3y}$

$x=4$，$y=-3$ を代入して，$-2\times\boxed{4}-3\times(\boxed{-3})=\boxed{1}$

式の値を求めるときは，式を簡単にしてから数を代入する。

❼ 文字式の利用

□$4a-8b=12$ を a について解くと，

$4a=\boxed{8b}+12$

$a=\boxed{2b+3}$

ある文字について解くということは，式を「(その文字)＝」の形に変形することである。

2 連立方程式

❶ 連立方程式の解き方

□ $\begin{cases} 2x+y=8 \cdots \text{①} \\ 3x-y=2 \cdots \text{②} \end{cases}$

①+②

$$\begin{array}{rr} & 2x+y=8 \\ +) & 3x-y=2 \\ \hline & \boxed{5}\,x \quad =\boxed{10} \\ & x=\boxed{2} \end{array}$$

$x=2$ を①に代入して

$\boxed{4}+y=8$，$y=\boxed{4}$

$(x,\ y)=(\boxed{2},\ \boxed{4})$

□ $\begin{cases} x-4y=6 \quad \cdots \text{①} \\ 4x-3y=11 \cdots \text{②} \end{cases}$

①×4−②

$$\begin{array}{rr} & 4x-16y=24 \\ -) & 4x-\ \ 3y=11 \\ \hline & \boxed{-13}\,y=\boxed{13} \\ & y=\boxed{-1} \end{array}$$

$y=-1$ を①に代入して

$x+\boxed{4}=6$，$x=\boxed{2}$

$(x,\ y)=(\boxed{2},\ \boxed{-1})$

それぞれの方程式の両辺を何倍かして，たしたりひいたりして，1 つの文字を消去して解く方法を［加減法］という。

□ $\begin{cases} 3x-4y=-2 \cdots \text{①} \\ y=2x+3 \quad \cdots \text{②} \end{cases}$

②を①に代入すると

$3x-4(\boxed{2x+3})=-2$

$3x-\boxed{8}\,x-\boxed{12}=-2$

$\boxed{-5}\,x=\boxed{10}$

$x=\boxed{-2}$

→ $x=-2$ を②に代入して

$y=2\times(\boxed{-2})+3$

$=\boxed{-4}+3$

$=\boxed{-1}$

$(x,\ y)=(\boxed{-2},\ \boxed{-1})$

一方の方程式を 1 つの文字について解き，他方の方程式に代入することによって，1 つの文字を消去して解く方法を［代入法］という。

❷ いろいろな連立方程式

□方程式 $2x-3y=3x-5y=2$ を解きなさい。

$$\begin{cases}2x-3y=\boxed{2}\cdots\text{①}\\ 3x-5y=\boxed{2}\cdots\text{②}\end{cases}$$

①×3－②×2

$$\begin{array}{rr} & 6x-\ \ 9y=6\\ -) & 6x-10y=4\\ \hline & y=\boxed{2}\end{array}$$

→$y=2$を①に代入して

$2x-\boxed{6}=2,\ x=\boxed{4}$

$(x,\ y)=(\boxed{4},\ \boxed{2})$

A＝B＝C の形の方程式は，$\begin{cases}\text{A}=\text{B}\\ \text{A}=\text{C}\end{cases}$ $\begin{cases}\boxed{\text{A}=\text{B}}\\ \boxed{\text{B}=\text{C}}\end{cases}$ $\begin{cases}\boxed{\text{A}=\text{C}}\\ \boxed{\text{B}=\text{C}}\end{cases}$ のいずれかの連立方程式を解く。

□$\begin{cases}2(x-2y)+5y=5\cdots\text{①}\\ \dfrac{3}{2}x-\dfrac{1}{3}y=7\quad\cdots\text{②}\end{cases}$

①のかっこをはずして

$\boxed{2}x-\boxed{4}y+5y=5$

$2x+y=5\cdots\text{③}$

②の両辺に$\boxed{6}$をかけて

$\boxed{9}x-\boxed{2}y=\boxed{42}\cdots\text{④}$

→③×2＋④

$$\begin{array}{rr} & 4x+2y=10\\ +) & 9x-2y=42\\ \hline & \boxed{13}x\qquad=\boxed{52}\\ & x=\boxed{4}\end{array}$$

$x=4$を③に代入して

$\boxed{8}+y=5\quad y=\boxed{-3}$

$(x,\ y)=(\boxed{4},\ \boxed{-3})$

かっこをふくむ連立方程式は，かっこをはずす。

分数をふくむ連立方程式は，分母をはらって，係数を$\boxed{\text{整数}}$にする。

小数をふくむ連立方程式は，両辺に 10 や 100 をかけて，係数を$\boxed{\text{整数}}$にする。

3 1次関数①

❶ 1次関数

□y が x の関数で，y が x の1次式 $y=ax+b$ で表されるとき，y は x の 1次関数 であるという。

x の値を決めると，それにともなって y の値もただ 1つ に決まるとき，y は x の 関数 であるという。

❷ 変化の割合

□1次関数 $y=-\dfrac{3}{2}x+2$ において，x の値が -4 から 2 まで増加するときの変化の割合を求めなさい。

x の増加量は，$2-(-4)=\boxed{6}$

$x=-4$ のとき，$y=-\dfrac{3}{2}\times(\boxed{-4})+2=\boxed{8}$

$x=2$ のとき，$y=-\dfrac{3}{2}\times\boxed{2}+2=\boxed{-1}$

y の増加量は，$-1-8=\boxed{-9}$

よって，変化の割合は，$\dfrac{\boxed{-9}}{\boxed{6}}=\boxed{-\dfrac{3}{2}}$

x の増加量に対する y の増加量の割合を，変化の割合 という。

1次関数 $y=ax+b$ については，

変化の割合$=\dfrac{\boxed{y\text{ の増加量}}}{\boxed{x\text{ の増加量}}}=\boxed{a}$ で一定となる。

□1 次関数 $y=4x-5$ において，x の値が -3 から 4 まで増加するときの y の増加量は，

$4\times\{4-(-3)\}=28$

また，変化の割合は 4 である。

(**y の増加量**) = (変化の割合) × (**x の増加量**)

❸ 1 次関数 $y=ax+b$ のグラフ

□$y=ax+b$ のグラフは，$y=ax$ のグラフを y 軸《じく》の正の方向に b だけ平行移動したものであるから，y 軸上の点 $(0,\ b)$ を通り，傾きが a の直線である。この b を直線の切片という。

$y=ax+b$ のグラフのかき方は，y 軸との交点 $(0,\ b)$ と，傾き a でもう 1 点を決めて，2 点を通る直線をひく。

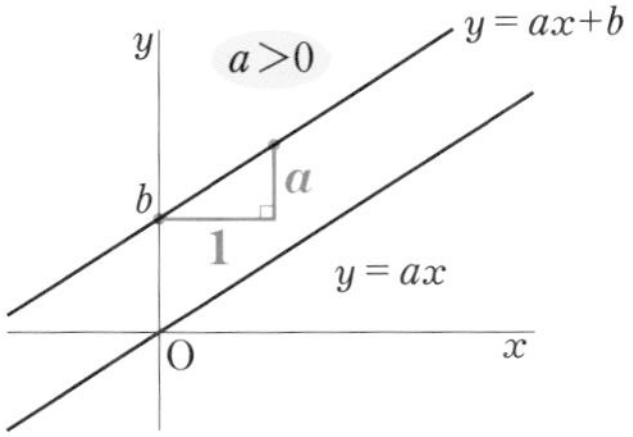

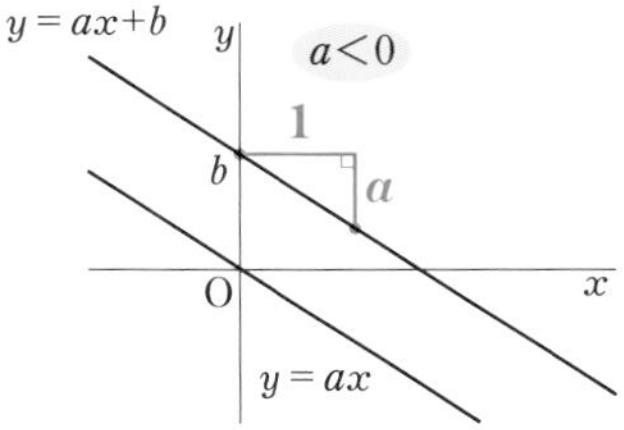

❹ 変域

□1 次関数 $y=2x+1$ において，

x の変域が $1\leqq x\leqq 3$ とする。

$x=1$ のとき，$y=2\times 1+1=3$

$x=3$ のとき，$y=2\times 3+1=7$

よって，y の変域は，$3\leqq y\leqq 7$

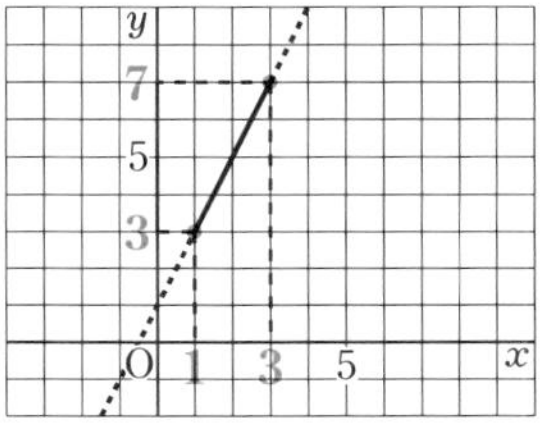

x の変域が $p\leqq x\leqq q$ のとき，グラフは線分となり，$x\leqq p$ や $x\geqq p$ のとき，グラフは半直線となる。

4 1次関数②

❶ 1次関数の決定

□右の図の直線①，②の式を求めなさい。

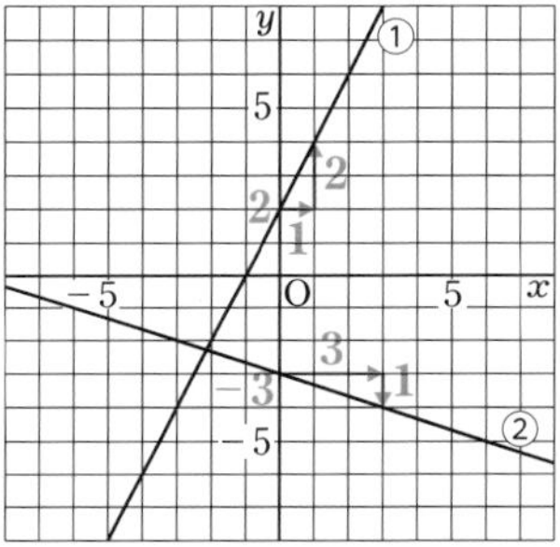

直線①は点(0，2)を通るから，

切片は$\boxed{2}$

右に1，上に2進むから，

傾《かたむ》きは$\boxed{2}$

よって，$y=\boxed{2}x+\boxed{2}$

直線②は点(0，−3)を通るから，切片は$\boxed{-3}$

右に3，下に1進むから，傾きは$\boxed{-\frac{1}{3}}$

よって，$y=\boxed{-\frac{1}{3}}x-\boxed{3}$

$y=ax+b$ のグラフで，a は直線の$\boxed{\text{傾き}}$，b は$\boxed{\text{切片}}$である。

□変化の割合が5で，$x=-3$ のとき $y=-7$ である1次関数の式を求めなさい。

変化の割合が5だから，$y=\boxed{5}x+b$ とおける。

$y=\boxed{5}x+b$ に，$x=-3$，$y=-7$ を代入して，

$\boxed{-7}=\boxed{5}\times(-3)+b$　$b=\boxed{8}$

よって，$y=\boxed{5}x+\boxed{8}$

変化の割合と1組の x，y の値が与《あた》えられている場合は，$y=ax+b$ において，$\boxed{a}$に変化の割合を代入した式に，1組の x，y の値を代入して$\boxed{b}$の値を求める。

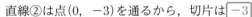

□$x=3$ のとき $y=-7$，$x=-2$ のとき $y=13$ である 1 次関数の式を求めなさい。

$y=ax+b$ に $x=3$，$y=-7$ を代入して，$-7=3a+b$

$x=-2$，$y=13$ を代入して，$13=-2a+b$

これらを連立方程式として解くと，$a=-4$，$b=5$

よって，$y=-4x+5$

2 組の x，y の値が与えられている場合は，$y=ax+b$ に 2 組の x，y の値をそれぞれ代入して，a，b についての連立方程式を解いて a，b を求める。

❷ 1 次関数の利用

□駅から体育館までの道のりは 3100m である。A 君は駅から体育館へ一定の速さで歩き，62 分後に着いた。B 君は，A 君が駅を出てから 20 分後に体育館を出発し，駅へ向かって一定の速さで歩き，62 分後には駅から 790m のところにいた。A 君と B 君が出会った地点と時間をグラフを使って求めなさい。

A 君が駅を出発してからの時間を x 分，駅からの道のりを ym とすると，グラフは右のようになる。

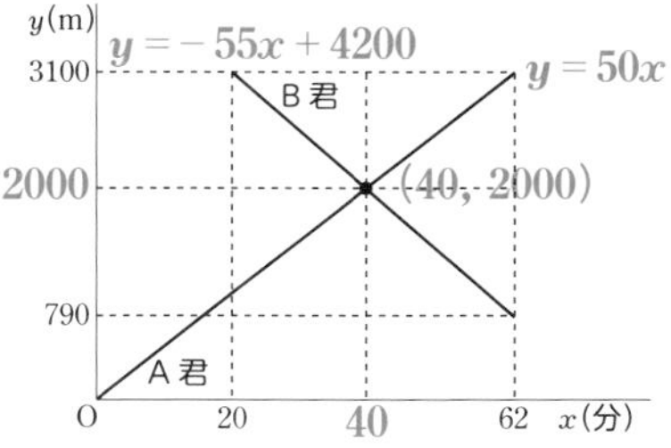

$y=50x$ と $y=-55x+4200$ を解いて，$x=40$，$y=2000$

40 分と 2000 m は問題に適している。

答　駅から 2000 m の地点，A 君が出発してから 40 分後

A 君と B 君が一定の速さで進んで出会うとき，出会う地点と時間は，2 つのグラフの交点の座標からわかる。

5 平行線と角，多角形の角

❶ 対頂角

□右の図で，$\angle a$，$\angle b$，$\angle c$ の大きさを求めなさい。

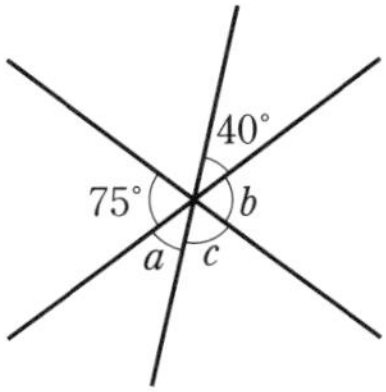

対頂角は等しいから，

$\angle a = 40^\circ$，$\angle b = 75^\circ$

また，$\angle a + \angle b + \angle c = 180^\circ$ より，

$\angle c = 180^\circ - 40^\circ - 75^\circ = 65^\circ$

2 直線が交わってできる 4 つの角のうち，向かい合っている 2 つの角を対頂角という。

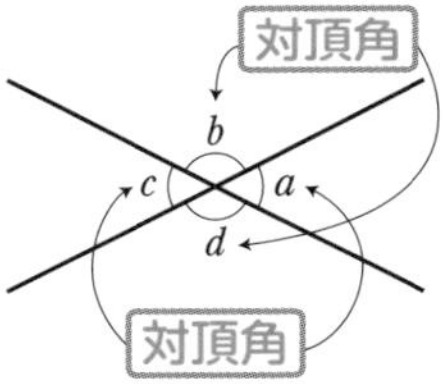

❷ 平行線と同位角・錯角

□右の図で，$\ell \parallel m$ のとき，$\angle a$，$\angle b$，$\angle c$ の大きさを求めなさい。

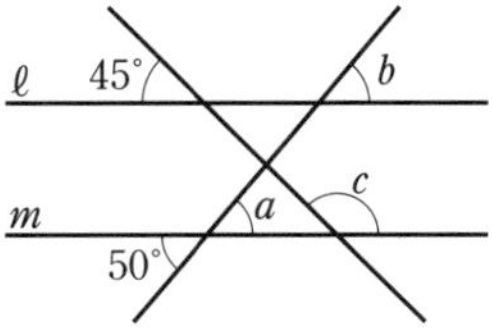

対頂角は等しいから，

$\angle a = 50^\circ$

平行線の同位角は等しいから，

$\angle b = \angle a = 50^\circ$

$\angle c = 180^\circ - 45^\circ = 135^\circ$

右の図のように，2 つの直線に 1 つの直線が交わるとき，

$\angle a$ と $\angle b$ は同位角，

$\angle b$ と $\angle c$ は錯《さっ》角《かく》という。

右の図で，直線 ℓ と m が平行ならば，同位角，錯角は等しい。

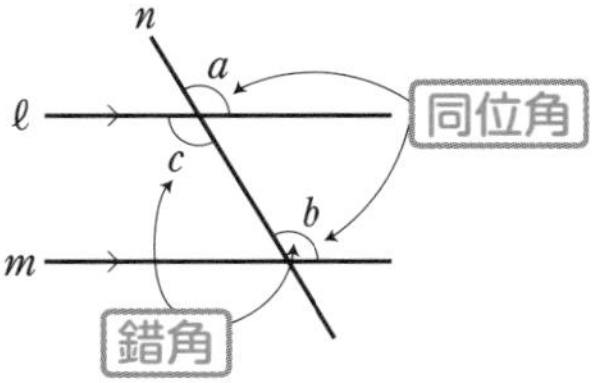

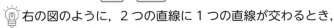

❸ 三角形の内角と外角の性質

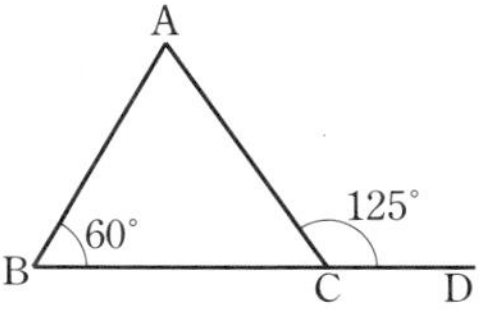

□右の図の△ABC について，

∠BAC の大きさを求めなさい。

∠BAC＋∠ABC＝∠ ACD から

∠BAC＋ 60° ＝ 125°

∠BAC＝ 65°

三角形の 3 つの内角の和は 180° であり，三角形の 1 つの外角は，それととなり合わない 2 つの内角の和 に等しい。

❹ 多角形の内角と外角

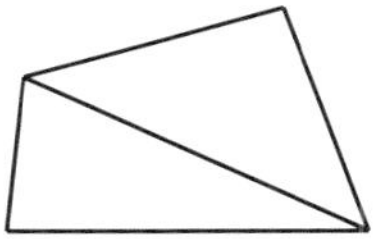

□右の図のように，四角形は 2 つの三角形に分けられるから， 四角形の内角の和は，

180°× 2 ＝ 360°

内角の和の公式にあてはめると，

180°×(4－ 2)＝ 360°

n 角形の内角の和は，180°×(n－ 2)で求められる。

□十二角形の外角の和は 360° である。

n 角形の外角の和は，つねに 360° である。

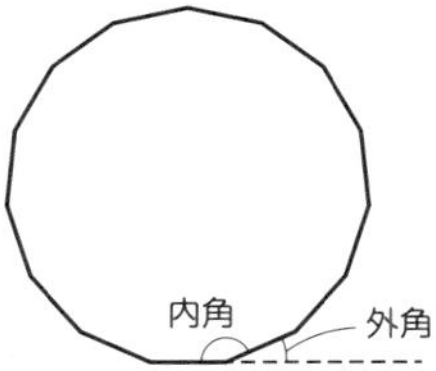

□正十五角形の内角の和は

180°×(15 －2)＝ 2340°

であるから，1 つの内角の大きさは

2340°÷ 15 ＝ 156°

また，1 つの外角の大きさは

360°÷ 15 ＝ 24°

正 n 角形の 1 つの内角は， 内角の和 ÷n で求められる。

正 n 角形の 1 つの外角は， 360° ÷n で求められる。

6 図形の合同と証明

❶ 三角形の合同

□平面上の２つの図形で，一方を移動して他方にぴったりと重なるとき，２つの図形は 合同 であるといい，記号 ≡ で表す。

□右の図において，
3組の辺 がそれぞれ等しいので，
△ABCと△EDF
は 合同 である。

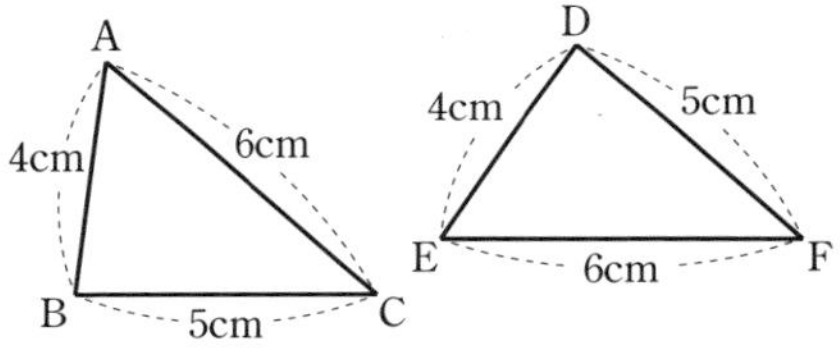

□右の図において，
AB＝ FE ，BC＝ ED ，
∠ABC＝ ∠FED
より，
2組の辺とその間の角
がそれぞれ等しいので，△ABCと△FEDは 合同 である。

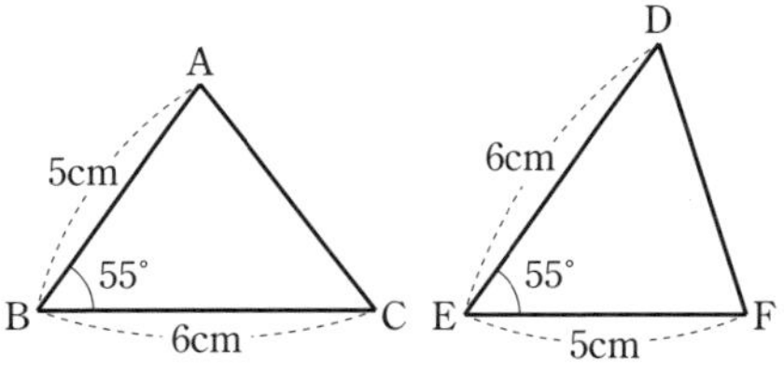

□右の図において，
BC＝ FE ，
∠ABC＝ ∠DFE ，
∠DEF＝ 60°
なので，∠ACB＝ ∠DEF より， 1組の辺とその両《りょう》端《たん》の角 がそれぞれ等しいので，△ABCと△DFEは 合同 である。

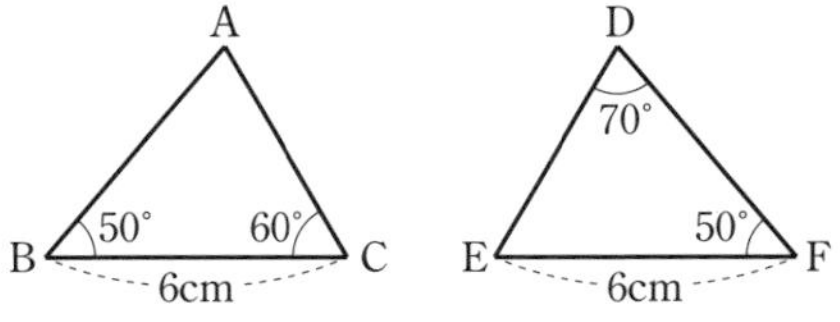

２つの三角形は，次のどれかが成り立つとき合同である。

・ 3組の辺 がそれぞれ等しい。
・ 2組の辺とその間の角 がそれぞれ等しい。
・ 1組の辺とその両端の角 がそれぞれ等しい。

❷ 2つの三角形が合同であることの証明

□右の図で，線分 AC と BD の交点を O とする。また，AB＝CD，AB∥DC である。このとき，△OAB と△OCD が合同であることを証明しなさい。

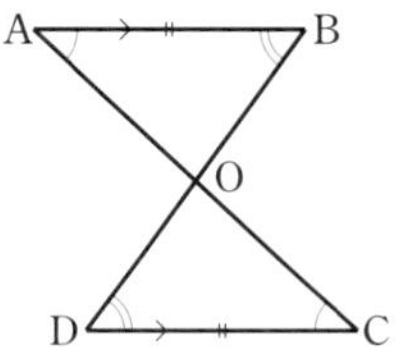

〔証明〕△OAB と△OCD において，

仮定から，　AB＝CD　…………①

AB∥DC より，平行線の錯《さっ》角《かく》は等しいから，

∠OAB＝∠OCD　……②

∠OBA＝∠ODC　……③

①，②，③より，1組の辺とその両端の角がそれぞれ等しいから，

△OAB≡△OCD

証明でよく使う性質

⑴対頂角→対頂角は等しい。

⑵平行線の性質→２つの直線が平行ならば，同位角，錯角は等しい。

⑶平行線になる条件→同位角，錯角が等しいならば，２つの直線は平行である。

⑷三角形の内角の和→三角形の３つの内角の和は180°である。

⑸三角形の内角と外角→三角形の１つの外角は，それととなり合わない２つの内角の和に等しい。

⑹多角形の内角と外角→ n 角形の内角の和は 180°×(n－2)，外角の和は360°である。

⑺合同な図形の性質→対応する線分の長さや角の大きさはそれぞれ等しい。

7 三角形①

❶ 二等辺三角形

□定義　2つの辺が等しい三角形を二等辺三角形という。

□右の図の AB＝AC である二等辺三角形 ABC において，∠A＝30°のとき∠B の大きさを求めなさい。

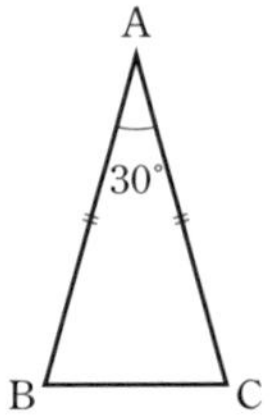

二等辺三角形の 2 つの底角は等しいから，

∠B＝(180°－30°)÷2＝75°

右の図の AB＝AC である二等辺三角形 ABC において，

等しい辺のつくる角∠A を頂角

頂角に対する辺 BC を底辺

底辺の両端《りょうたん》の角∠B，∠C を底角

という。

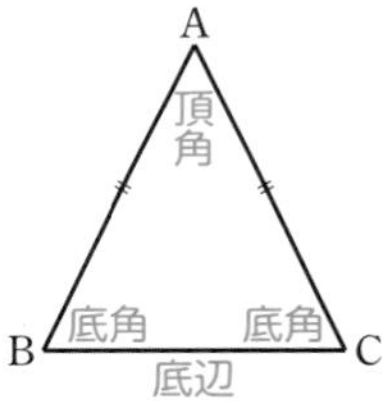

定理 1　二等辺三角形の 2 つの底角は等しい。

□右の図の AB＝AC である二等辺三角形 ABC において，BC＝6cm，∠BAD＝∠CAD のとき，∠ADB の大きさと線分 BD の長さをそれぞれ求めなさい。

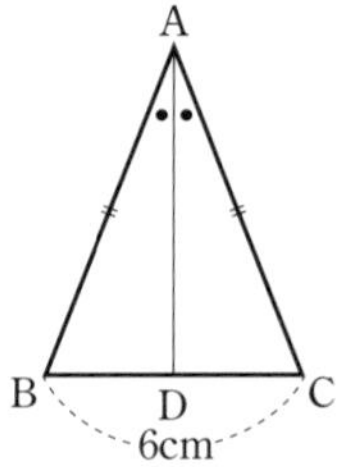

AB＝AC，∠BAD＝∠CAD ならば

AD⊥BC，BD＝CD

であるから，

∠ADB＝∠ADC＝90°　BD＝6÷2＝3(cm)

定理 2　二等辺三角形の頂角の二等分線は，底辺を垂直に 2 等分する。

□42 ページ定理 1「二等辺三角形の 2 つの底角は等しい。」を証明しなさい。

〔証明〕右の図の二等辺三角形 ABC において，辺 BC の中点を M とする。

$\triangle ABM$ と $\triangle ACM$ において，

仮定から，$AB=$ AC　……①

点 M は辺 BC の 中点 であるから，

$BM=$ CM　……②

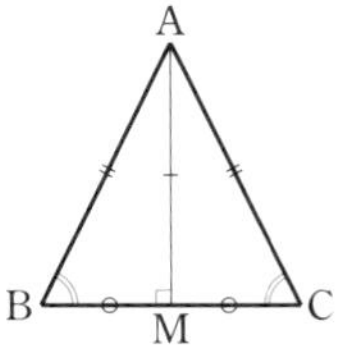

共通な辺であるから，

$AM=$ AM　……③

①，②，③より，3 組の辺 がそれぞれ等しいから，

$\triangle ABM\equiv$ $\triangle ACM$

よって，　$\angle B=$ $\angle C$

したがって，二等辺三角形の 2 つの 底角 は等しい。

上の図において，$\triangle ABM \equiv \triangle ACM$ より，

$\angle AMB=\angle AMC=$ 90° であるから，AM $\perp$ BC となることもわかる。

❷ 正三角形

□定義　3 辺 が等しい三角形を正三角形という。

□右の図の正三角形 ABC において，

$AB=AC$ より，$\angle B=\angle$ C

$BC=CA$ より，$\angle A=\angle$ B

よって，$\angle A=\angle$ B $=\angle$ C であり，

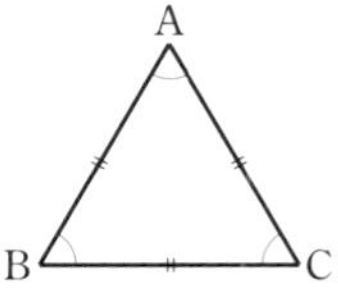

$\triangle ABC$ の 1 つの内角の大きさは，180° $\div 3=$ 60°

定理　正三角形の 3 つの内角は等しい。

8 三角形②

❶ 直角三角形の合同条件

□二等辺三角形の頂角から底辺にひいた垂線は，底辺を 2 等分することを証明しなさい。

〔証明〕右の図の AB＝AC の二等辺三角形 ABC において，点 A から辺 BC にひいた垂線を AM とする。

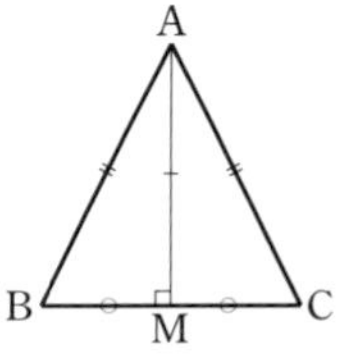

△ABM と△ACM において，

仮定から，AB＝AC ……………………①

∠AMB＝∠AMC＝90° ……②

共通な辺であるから，AM＝AM ……③

①，②，③より，直角三角形において，

斜辺《しゃへん》と他の 1 辺がそれぞれ等しいから，

△ABM≡△ACM

よって，BM＝CM

次のどちらかが成り立つ場合，2 つの直角三角形は合同である。

(1) 斜辺と 1 つの鋭角《えいかく》がそれぞれ等しい。

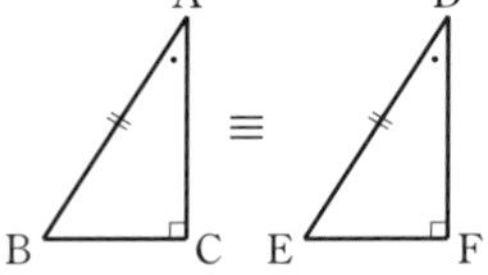

(2) 斜辺と他の 1 辺がそれぞれ等しい。

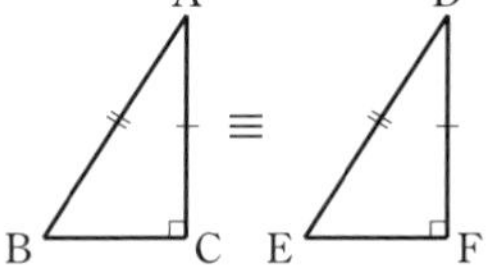

□右の図の△ABC は AB＝AC の二等辺三角形である。点 C から辺 AB にひいた垂線を CD とし，点 B から辺 AC にひいた垂線を BE とする。このとき，△DBC ≡△ECB であることを証明しなさい。

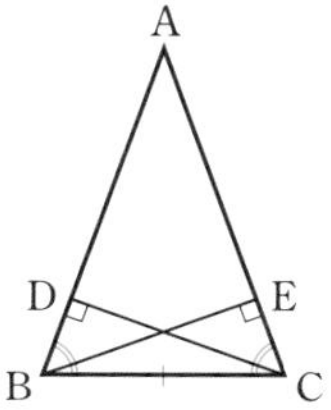

〔証明〕△DBC と△ECB において，

仮定から，∠CDB＝∠BEC＝90°　……①

二等辺三角形の底角は等しいから，

∠DBC＝∠ECB　……………②

共通な辺であるから，

BC＝CB　…………………③

①，②，③より，直角三角形において，

斜辺と１つの鋭角がそれぞれ等しいから，

△DBC≡△ECB

□右の図で，正方形 ABCD の辺 BC，CD 上に点 E，F を AE＝AF となるようにとる。このとき，BE＝DF であることを証明しなさい。

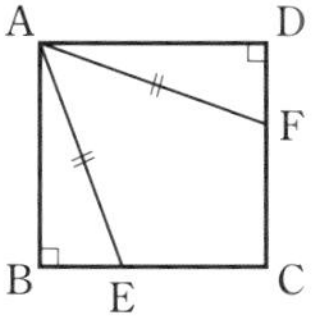

〔証明〕△ABE と△ADF において，

仮定から，AE＝AF　……………………①

四角形 ABCD は正方形だから，

AB＝AD　……………………②

∠ABE＝∠ADF＝90°　………③

①，②，③より，直角三角形において，

斜辺と他の１辺がそれぞれ等しいから，

△ABE≡△ADF

よって，　BE＝DF

9 四角形①

❶ 平行四辺形の性質

□四角形の向かい合う辺を 対辺 ,
向かい合う角を 対角 という。

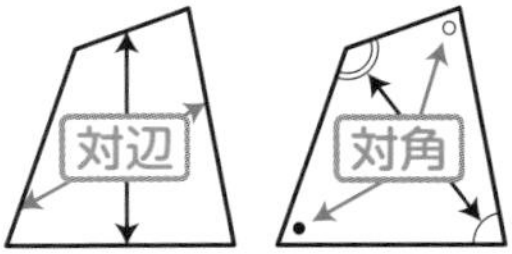

□**定義**　2 組の対辺がそれぞれ平行な
四角形を 平行四辺形 という。

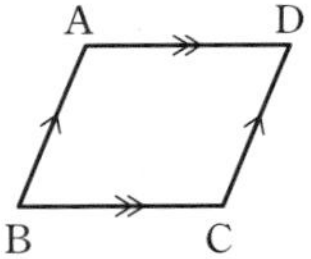

平行四辺形 ABCD を，記号を用いて，
▱ABCD と表すことがある。

□右の図の四角形 ABCD は平行四辺形
である。このとき，

CD＝ 10 cm,

OA＝ OC ＝ 7 cm,

∠CDA＝ ∠ABC ＝ 60°

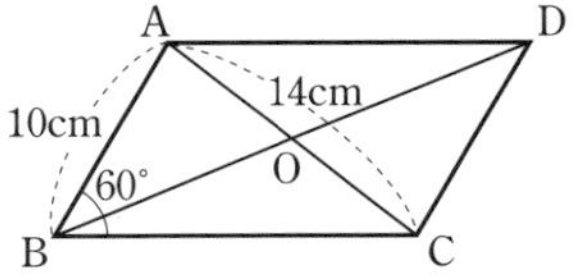

平行四辺形の性質

性質 1

2 組の 対辺 は
それぞれ等しい。

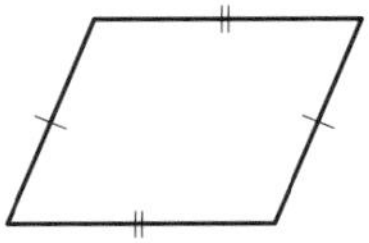

性質 2

2 組の 対角 は
それぞれ等しい。

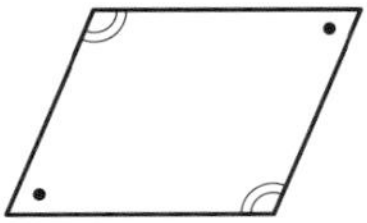

性質 3

対角線はそれぞれ
の 中点 で交わる。

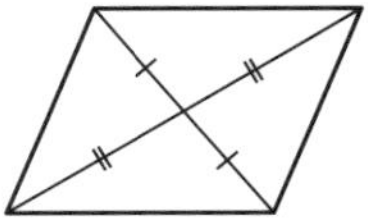

□46 ページ性質 1「平行四辺形の 2 組の対辺はそれぞれ等しい。」を証明しなさい。

〔証明〕右の図の△ABC と△CDA において

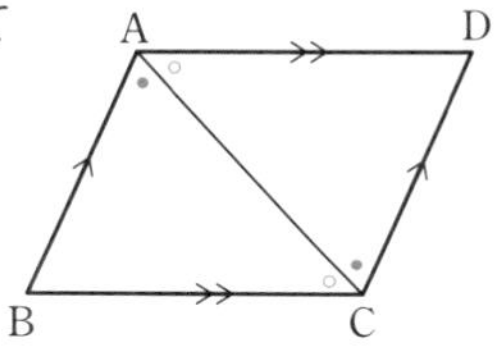

平行線の錯《さっ》角《かく》は等しいから,

AB∥DC より,

∠BAC＝∠DCA ……①

AD∥BC より,

∠BCA＝∠DAC ……②

共通な辺であるから,

AC＝CA ……③

①, ②, ③より, 1 組の辺とその両《りょう》端《たん》の角がそれぞれ等しいから,

△ABC≡△CDA

したがって, AB＝CD, BC＝DA となり,

平行四辺形の 2 組の対辺はそれぞれ等しい。

❷ 平行四辺形になる条件

□右の図の四角形 ABCD において, 必ず平行四辺形になる条件を, 次のア～ウからすべて選びなさい。

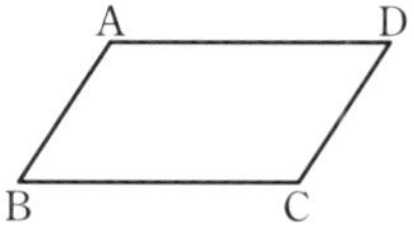

ア AB＝DC, AD∥BC

イ AB＝DC, AB∥DC

ウ ∠A＝∠C, ∠B＝∠D

答 イ, ウ

定理 次のどれかの条件をみたす四角形は平行四辺形である。

- 2 組の対辺がそれぞれ平行である。(定義)
- 2 組の対辺がそれぞれ等しい。
- 2 組の対角がそれぞれ等しい。
- 対角線がそれぞれの中点で交わる。
- 1 組の対辺が平行で, その長さが等しい。

10 四角形②

❶ いろいろな四角形

□定義　4つの角が等しい四角形を長方形という。

長方形の性質

(1)長方形は平行四辺形である。

(2) 4つの角の大きさはすべて90°である。

(3)対角線の長さが等しい。

□定義　4つの辺が等しい四角形をひし形という。

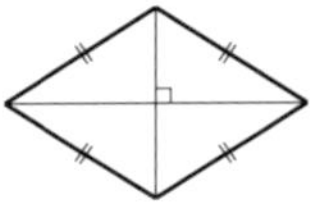

ひし形の性質

(1)ひし形は平行四辺形である。

(2)対角線が垂直に交わる。

□定義　4つの角が等しく，4つの辺が等しい四角形を正方形という。

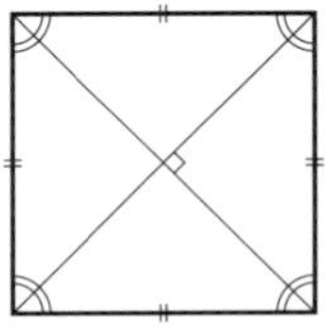

正方形の性質

(1)長方形とひし形の性質をもつ。

(2)対角線の長さが等しく，垂直に交わる。

□次の(1)，(2)にあてはまる平行四辺形をすべて答えなさい。

(1) 4つの辺が等しい。　答　ひし形，正方形

(2)対角線の長さが等しく，垂直に交わる。　答　正方形

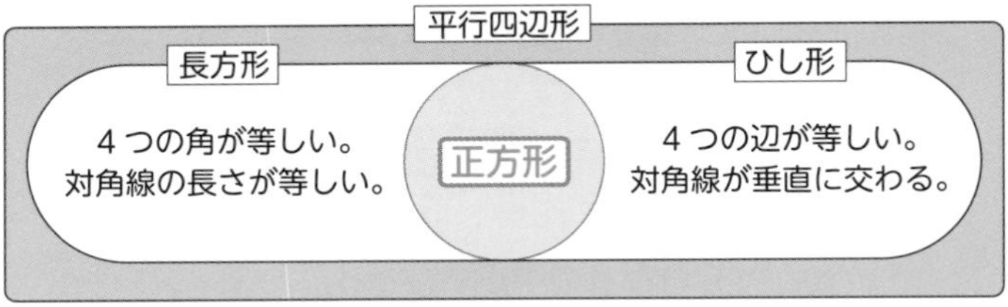

❷ 平行線と面積

□面積を変えずに図形を変形することを 等積変形 という。

□右の図は，AD∥BC の台形 ABCD である。次の⑴，⑵の三角形と面積が等しい三角形を答えなさい。

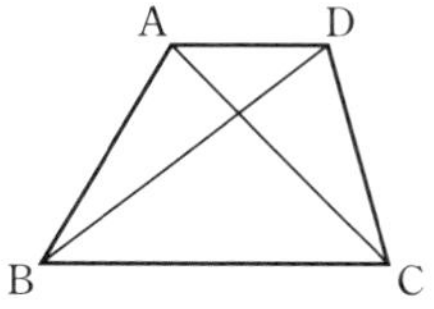

⑴△ABC　　　　　　答　△DBC

⑵△ACD　　　　　　答　△ABD

右の図のように，辺 BC を共有する△DBC と△ABC において，

⑴ DA∥BC　ならば　△DBC＝△ABC

⑵△DBC＝△ABC　ならば　DA∥BC

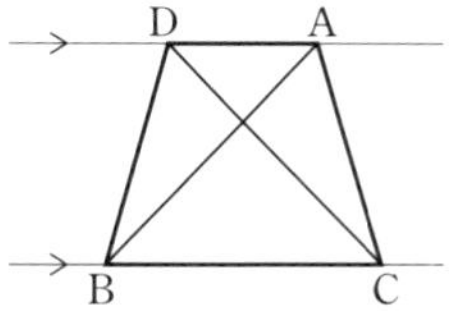

□右の図の平行四辺形 ABCD の面積は $58cm^2$ である。このとき，色のついた部分の面積を求めなさい。

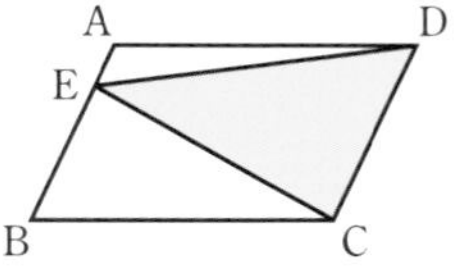

等積変形を使うと，△CDE の面積と△ ACD の面積が等しいことがわかる。

よって，△CDE の面積は，29 cm^2 である。

等積変形を使って，面積が等しい三角形を見つける。

□右の図で，点 D を通り AC に平行な直線と BC の延長との交点を E とするとき，四角形 ABCD と△ABE の面積が等しいことを証明しなさい。

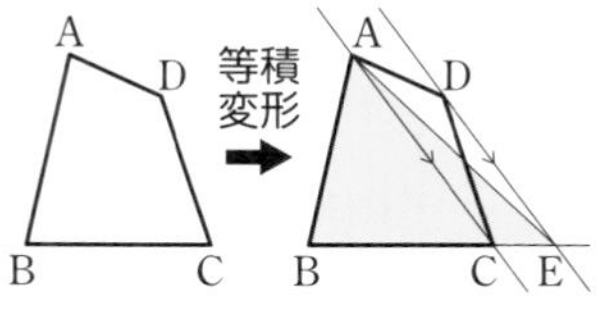

〔証明〕AC∥ DE より，△ADC＝△AEC

また，四角形 ABCD の面積＝△ABC＋△ADC

△ABE の面積＝△ABC＋△AEC

したがって，四角形 ABCD と△ABE の面積は等しい。

11 確率

❶ 確率の求め方

□1 個のさいころを投げるとき，4 以上の目が出る確率を求めなさい。

さいころの目は 1 ～ 6 までであるから，起こりうるすべての場合は 6 通りある。このうち，4 以上の目が出る場合は，4，5，6 の 3 通り。したがって，確率は，$\frac{3}{6}=\frac{1}{2}$

あることがらの起こることが期待される程度を表す数 p を，そのことがらが起こる 確率 といい，$0 \leqq p \leqq 1$ である。

□大小 2 個のさいころを同時に投げるとき，出る目の数の和が 7 になる確率を求めなさい。

さいころ大の目の出方は 6 通り，さいころ小の目の出方は 6 通りだから，大小 2 個のさいころを同時に投げるときの起こりうるすべての場合は，$6 \times 6 = 36$（通り）

目の出方を（大，小）で表すと，出る目の数の和が 7 になるのは，

（1，6），（2，5），（3，4），

（4，3），（5，2），（6，1）の 6 通り。

したがって，確率は，$\frac{6}{36}=\frac{1}{6}$

どの場合が起こることも同じ程度に期待できるとき，各場合の起こることは 同様に確からしい という。

起こる場合が全部で n 通りあり，そのどれが起こることも同様に確からしいとする。そのうち，ことがら A の起こる場合が a 通りであるとき，ことがら A の起こる確率 p は，$p=\frac{a}{n}$

□A，B，C3 枚の硬貨《こうか》を同時に投げるとき，2 枚が表，1 枚が裏になる確率を求めなさい。

1 枚の硬貨を投げたときの起こりうるすべての場合は，表と裏の 2 通りあるから，A，B，C3 枚の硬貨を同時に投げるときの起こりうるすべての場合は，

2 × 2 × 2 = 8（通り）

右の樹形図で，2 枚が表，1 枚が裏の場合は○のついている 3 通り。したがって，

確率は，$\frac{3}{8}$

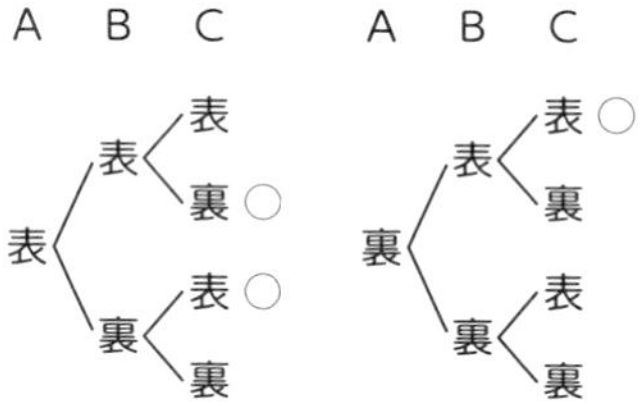

場合の数を数えるときは，樹形図や表をかくとよい。

□3 つの数字1，2，3が 1 つずつ書かれた 3 枚のカードから，2 枚のカードを選んで 2 けたの整数をつくるとき，その整数が 2 の倍数になる確率を求めなさい。

右の樹形図で，起こりうるすべての場合は 6 通り。

2 の倍数になるのは○のついている 12，32 の 2 通り。

したがって，確率は，$\frac{2}{6}=\frac{1}{3}$

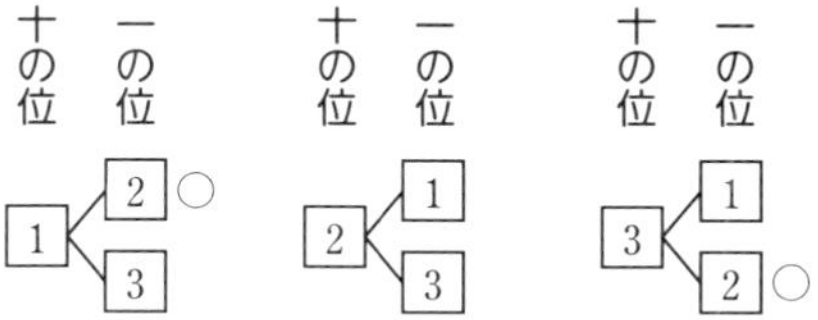

ことがら A が起こる確率を p とする。

$p=0$ のとき，ことがら A は 決して起こらない。

$p=1$ のとき，ことがら A は 必ず起こる。

ことがら A の起こらない確率 q は，$q=1-p$

12 データの活用

❶ 四分位数と四分位範囲

□次のデータは，生徒 13 人のハンドボール投げの記録である。
このデータの四分位数を求めなさい。

14，14，15，17，17，18，20，21，21，23，24，25，26　(m)

第 1 四分位数は，$\frac{\boxed{15}+\boxed{17}}{2}=\boxed{16}$ (m)

第 2 四分位数(中央値)は，20 (m)

第 3 四分位数は，$\frac{\boxed{23}+\boxed{24}}{2}=\boxed{23.5}$ (m)

データの値を小さい順に並べて，真ん中の値を境に前半部分と後半部分に分けるとき，前半部分の中央値を第 1 四分位数，データ全体の中央値を第 2 四分位数，後半部分の中央値を第 3 四分位数という。

データが奇数《きすう》個あるとき

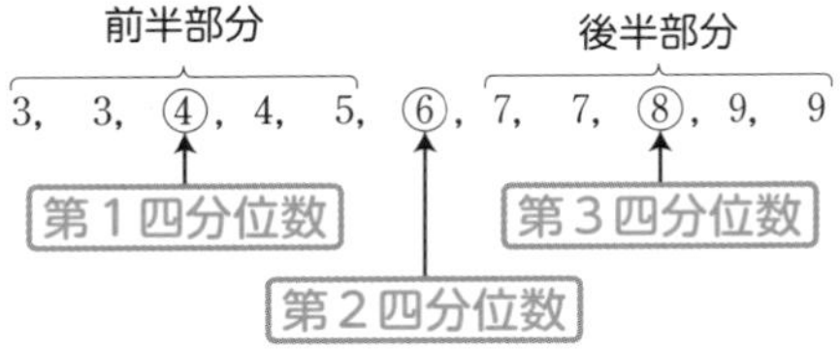

データが偶数《ぐうすう》個あるとき

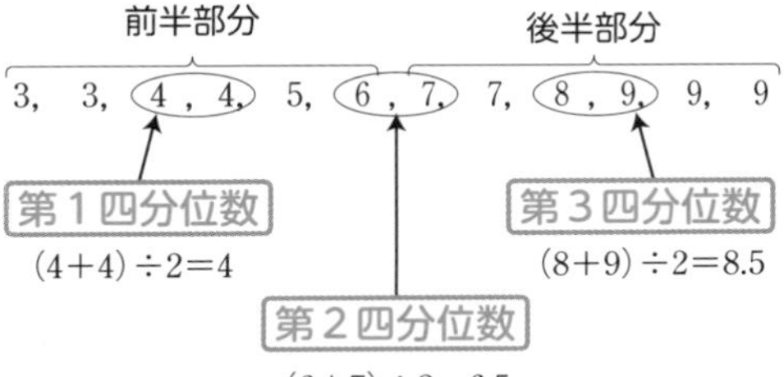

□52 ページのデータの四分位範囲《はんい》を求めなさい。

四分位範囲は，23.5 − 16 = 7.5 (m)

第３四分位数と第１四分位数との差を 四分位範囲 という。

❷ 箱ひげ図

□52 ページのデータの箱ひげ図をかきなさい。

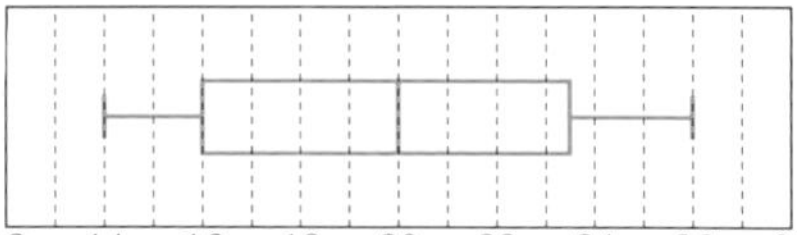

最小値，第１四分位数，第２四分位数，第３四分位数，最大値を１つの図に表したものを，箱ひげ図 という。

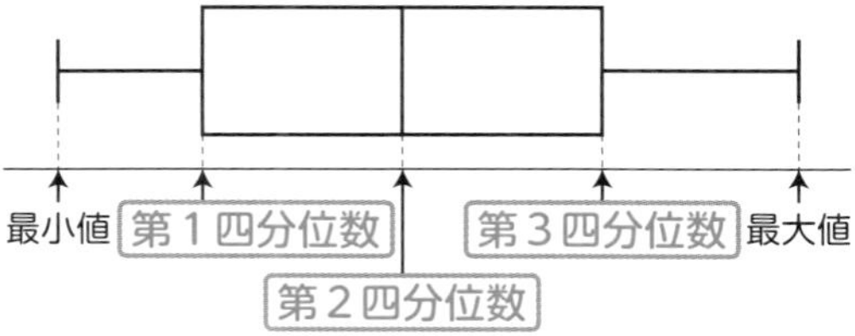

箱ひげ図の箱の横の長さは 四分位範囲 を表す。

□下の図は，中学生 40 人について，数学のテストの得点のデータを箱ひげ図で表したものである。

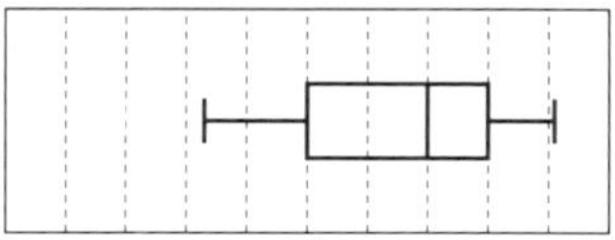

第１四分位数は 50 点だから，50 点以下の生徒は 10 人以上いる。また，第３四分位数は 80 点だから，80 点以上の生徒は 10 人以上いる。また，この箱ひげ図から，平均値は 読み取れない。

+α 論理

❶ 定義と定理

□ことがらを証明するためには，使うことばの意味をはっきりさせておく必要がある。ことばの意味をはっきり述べたものを定義という。

証明されたことがらのうち，重要なものを定理という。

❷ 仮定と結論

□ことがら「(ア)ならば(イ)」について，(ア)が与《あた》えられてわかっていること，(イ)が(ア)から導こうとしていることであるとき，(ア)の部分が仮定で，(イ)の部分が結論である。

❸ 逆と反例

□「a と b が正の数ならば，a と b の積は正の数になる。」の逆が正しいか正しくないか答えなさい。

逆は，「a と b の積が正の数ならば，a と b は正の数になる。」となる。

a と b が，$a=-3$，$b=-5$ の負の数であるとき，

$ab=15$ となり，積は正の数になる。

よって，逆は正しくない。

あることがらの「仮定」と「結論」を入れかえたものを，そのことがらの逆という。

「(ア)ならば(イ)」の逆は，「(イ)ならば(ア)」である。

正しいことがらでも，逆は正しいとは限らない。

あることがらについて，「仮定」は成り立つが「結論」は成り立たない例を反例という。

理科

スマホで一問一答！

1 物質の分解，原子と分子

❶ 物質の分解

□化学変化《かがくへんか》…もとの物質とは性質の異なる別の物質ができる変化。

□分解《ぶんかい》…1 種類の物質が，2 種類以上の別の物質に分かれること。

□熱分解《ねつぶんかい》…物質を加熱することで起こる分解。

□電気分解《でんきぶんかい》…物質に電流を流して起こる分解。

□炭酸水素ナトリウムの熱分解

炭酸水素ナトリウム → 炭酸ナトリウム（固体）＋二酸化炭素（気体）＋水（液体）

・発生した気体

石灰水に通すと白くにごる。→二酸化炭素が発生

・発生した液体

青色の塩化コバルト紙をつけると赤色になる。→水が発生

・試験管に残った固体

	炭酸水素ナトリウム	炭素ナトリウム
水へのとけ方	少しとける。	よくとける。
フェノールフタレイン溶液の反応	うすい赤色になる。	濃い赤色になる。

アルカリ性でフェノールフタレイン溶液は赤色に変化する。

□水の電気分解

水 → 水素 ＋ 酸素

・＋極（陽極《ようきょく》）からは酸素が，－極（陰極《いんきょく》）からは水素が発生する。

・発生した気体の体積比　水素の体積：酸素の体積＝2：1

純粋な水は電気を通しにくいので，水酸化ナトリウムをとかした水酸化ナトリウム水溶液を用いる。

❷ 原子と分子

□原子《げんし》…物質をつくる最小の粒子《りゅうし》。

□原子の性質

①化学変化によって，それ以上分けることができない。

②種類によって，質量や大きさが決まっている。

③化学変化によって，他の種類の原子に変わったり，なくなったり，新しくできたりしない。

□分子《ぶんし》…いくつかの原子が結びついてできた粒子。物質の性質を表す最小のもの。

□元素《げんそ》…物質を構成する原子の種類。

□元素記号…元素を表すための記号。

非金属	
名前	記号
水素	H
炭素	C
窒素	N
酸素	O
塩素	Cl

金属	
名前	記号
ナトリウム	Na
マグネシウム	Mg
鉄	Fe
銅	Cu
銀	Ag

❸ 物質を表す式

□化学式《かがくしき》…物質を元素記号と数字で表したもの。

・水素分子…水素原子２個からできているので，H_2と表す。

・酸素分子…酸素原子２個からできているので，O_2と表す。

・水分子…水素原子２個と，酸素原子１個からできているので，H_2Oと表す。

１種類の原子がたくさん集まってできていて，分子をつくらない鉄などは，その元素記号で表す。　例：鉄→ Fe

2 物質の結びつき，化学反応式

❶ 物質のなかま分け

□**単体《たんたい》**…1 種類の元素からできている物質。

□**化合物《かごうぶつ》**…2 種類以上の元素からできている物質。

□**純物質《じゅんぶっしつ》(純粋な物質)**…1 種類の物質でできているもの。単体や化合物。

- 物質
  - 純物質
    - 単体…水素，酸素，塩素，銀，銅など
    - 化合物…水，二酸化炭素など
  - 混合物…塩化ナトリウム水溶液，空気など

化合物は分解できるが，単体はそれ以上分解できない。

❷ 物質が結びつく変化

□2 種類以上の物質が結びつくと，もとの物質とは性質の異なる**化合物**ができる。

物質A ＋ 物質B → 物質C

□鉄と硫黄《いおう》の混合物を加熱したときの変化

	磁石に近づける。	塩酸を加える。
加熱前の物質	磁石につく。	無臭の気体(水素)が発生する。
加熱後の物質	磁石につきにくい。	腐卵臭《ふらんしゅう》のある気体(硫化《りゅうか》水素《すいそ》)が発生する。

加熱後の物質は，加熱前の物質とは性質の異なる物質である。

鉄 ＋ 硫黄 → **硫化鉄《りゅうかてつ》**

鉄と硫黄の混合物の反応が始まると，加熱をしなくても発生した熱で反応が進む。

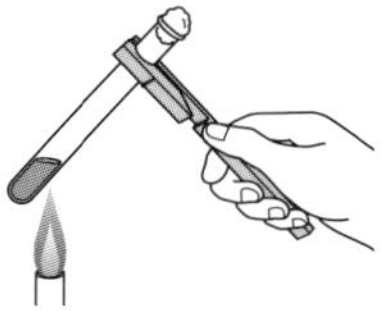

❸ 化学変化を表す式

□化《か》学《がく》反《はん》応《のう》式《しき》…化学式を使って化学変化を表した式。

□化学反応式の表し方

①「反応前の物質→反応後の物質」を書き，矢印で結ぶ。

水素　＋　酸素　→　水

②物質を化学式で表す。

$H_2 + O_2 \rightarrow H_2O$

③化学変化の前後で，原子の種類と数を等しくする。

$2H_2 + O_2 \rightarrow 2H_2O$

2H は水素原子が 2 個あることを，H_2 は水素分子が水素原子 2 個からなることを，$2H_2$ は水素分子が 2 個あることを表す。

❹ いろいろな化学反応式

□炭素と酸素が結びついて，二酸化炭素ができる反応

$C + O_2 \rightarrow CO_2$

□鉄と硫黄が結びついて，硫化鉄ができる反応

$Fe + S \rightarrow FeS$

□マグネシウムと酸素が結びついて，酸化マグネシウムができる反応

$2Mg + O_2 \rightarrow 2MgO$

□炭酸水素ナトリウムが熱分解されて，炭酸ナトリウムと二酸化炭素と水ができる反応

$2NaHCO_3 \rightarrow Na_2CO_3 + CO_2 + H_2O$

□水が電気分解されて，水素と酸素ができる反応

$2H_2O \rightarrow 2H_2 + O_2$

□酸化銀が熱分解されて，銀と酸素ができる反応

$2Ag_2O \rightarrow 4Ag + O_2$

理科

3 酸化と還元，化学変化と熱の出入り

❶ 酸素と結びつく変化

□ 酸化《さんか》 …物質に酸素が結びつくこと。

鉄がさびることは，鉄が空気中の酸素にふれて起こるゆるやかな酸化である。

□ 酸化物《さんかぶつ》 …酸素が結びついてできた物質。

□ 燃焼《ねんしょう》 …物質が激《はげ》しく熱や光を出して酸化すること。

□金属の酸化

銅 ＋ 酸素 → 酸化銅《さんかどう》

$2Cu + O_2 \rightarrow 2CuO$

□金属の燃焼

マグネシウム ＋ 酸素 → 酸化マグネシウム

$2Mg + O_2 \rightarrow 2MgO$

□金属以外の物質の酸化

・炭素 ＋ 酸素 → 二酸化炭素

$C + O_2 \rightarrow CO_2$

・有機物 ＋ 酸素 → 二酸化炭素 ＋ 水

❷ 酸素をとり除く変化

□ 還元《かんげん》 …酸化物から酸素をとり除く化学変化。 酸化 と同時に起こる。

□酸化銅の炭素による還元

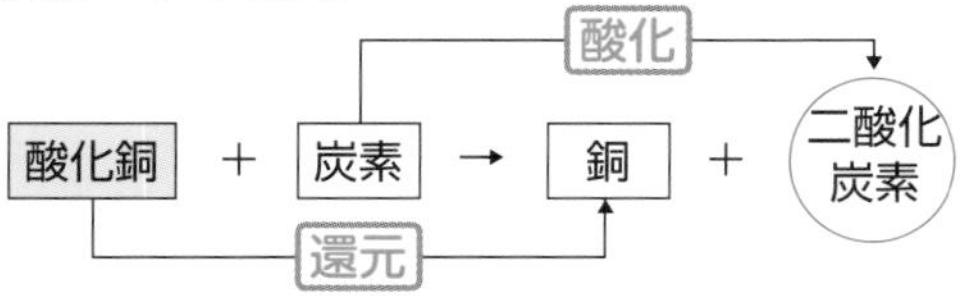

$2CuO + C \rightarrow 2Cu + CO_2$

黒色の酸化銅は，還元されると赤色の銅になる。

□酸化銅の水素による還元

酸化銅 ＋ 水素 → 銅 ＋ 水

（水素 → 水：**酸化**　酸化銅 → 銅：**還元**）

CuO ＋ H_2 → Cu ＋ H_2O

炭素や水素は，銅よりも酸素と結びつきやすいので，酸化銅の還元に使われる。

❸ 化学変化と熱の出入り

□**発熱反応**《はつねつはんのう》…化学変化のときに熱が発生し，まわりの温度が上がる反応。

物質A ＋ 物質B → 物質C ＋ …… 熱

（⇑ 化学変化）

□温度が上がる化学変化の例

・化学かいろ…中に鉄粉が入っていて，鉄が**酸化**するときの熱により熱くなる。

・鉄と硫黄《いおう》の反応…**硫化鉄**《りゅうかてつ》ができるときに熱が発生する。

□**吸熱反応**《きゅうねつはんのう》…化学変化のときにまわりの熱を吸収し，まわりの温度が下がる反応。

物質D ＋ 物質E ＋ 熱 → 物質F ＋ ……

（⇑ 化学変化）

□温度が下がる化学変化の例

・水酸化バリウムと塩化アンモニウムの反応…熱が吸収され，塩化バリウムと**アンモニア**と水ができる。

アンモニアは**刺激臭**《しげきしゅう》があり有害なので，水で湿《しめ》らせたろ紙に吸収させる。

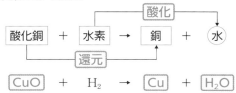

4 化学変化と物質の質量

❶ 質量保存の法則

□質量《しつりょう》保《ほ》存《ぞん》の法《ほう》則《そく》…化学変化の前後で，その変化に関係している物質全体の質量の和は変わらない。

化学変化の前後で物質全体の質量の和が変わらないのは，物質をつくる原子の組み合わせは変わるが，原子の種類と数は変わらないからである。

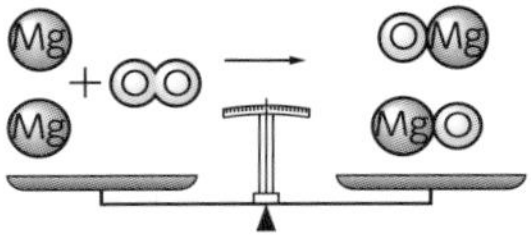

❷ 化学変化の前後での物質の質量

□うすい水酸化バリウム水溶液とうすい硫酸《りゅうさん》の反応

水酸化バリウム　＋　硫酸　→　硫酸バリウム　＋　水

硫酸バリウムは水にとけにくいので，白い沈殿ができる。

反応の前後で質量が変わらない。→質量保存の法則が成り立つ。

□うすい塩酸と炭酸水素ナトリウムの反応

炭酸水素ナトリウム＋塩酸→塩化ナトリウム＋水＋二酸化炭素

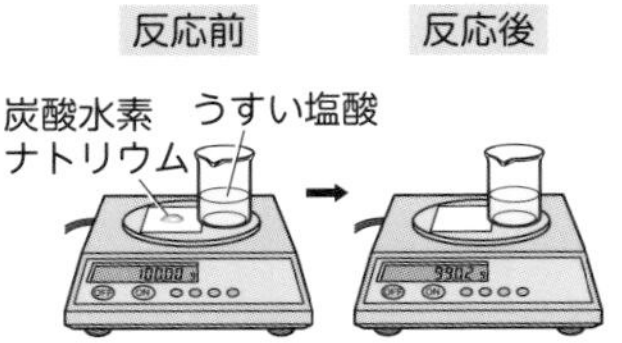

発生した二酸化炭素の一部が空気中に出ていくため，質量は減少する。

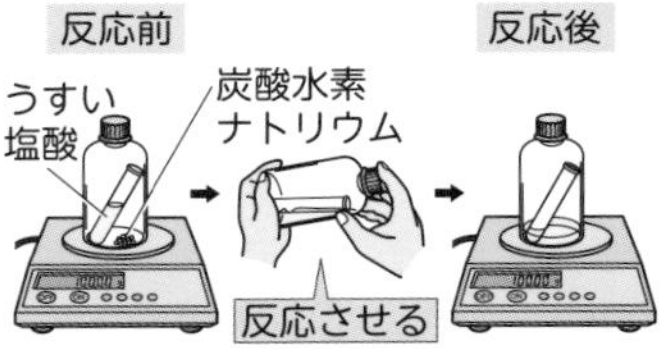

発生した二酸化炭素は容器の外に出ていかないので，質量は変わらない。

反応の前後で質量が変わらない。→質量保存の法則が成り立つ。

質量保存の法則では，反応に関係するすべての物質を考える。

③ 金属と結びつく酸素の質量

□金属を加熱すると，酸素と結びついて酸化物となり，結びついた酸素の分だけ質量がふえる。

□金属の酸化物の質量は，ある一定の値になるとふえなくなる。

→一定量の金属と結びつく酸素の質量は決まっている。

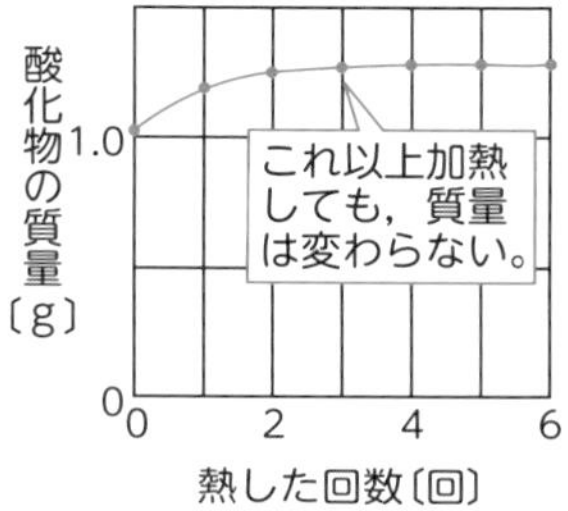

④ 金属と結びつく酸素の質量の割合

□金属の質量を変えて加熱したとき，できた酸化物の質量はもとの金属の質量に比例する。

□金属と結びついた酸素の質量＝酸化物の質量－もとの金属の質量

金属の質量と酸化物の質量　　　金属の質量と結びついた酸素の質量

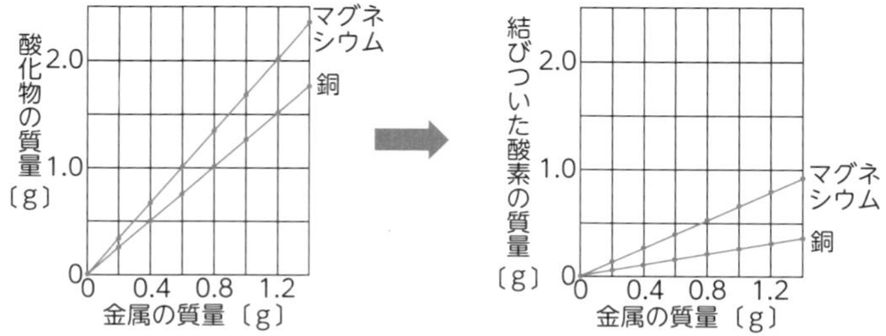

・銅の質量と結びついた酸素の質量の比

銅の質量：酸化銅の質量＝4：5

銅の質量：結びついた酸素の質量＝4：1

・マグネシウムの質量と結びついた酸素の質量の比

マグネシウムの質量：酸化マグネシウムの質量＝3：5

マグネシウムの質量：結びついた酸素の質量＝3：2

結びつく物質の一方に過不足があると，多いほうの物質が残る。

5 生物と細胞

❶ 顕微鏡の使い方

□顕微鏡《けんびきょう》の各部の名称《めいしょう》

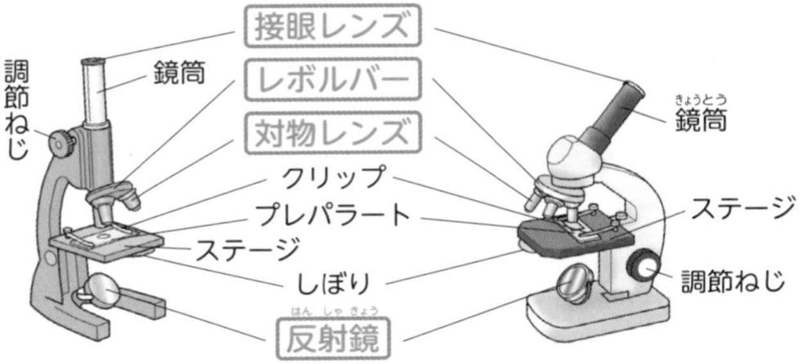

□顕微鏡の操作の手順

①反射鏡としぼりを調節して，視野全体が明るくなるようにする。

②プレパラートをステージにのせ，横から見ながら調節ねじを回し，対物レンズとプレパラートを近づける。

③接眼レンズをのぞきながら，調節ねじを②のときの逆向きに回してピントを合わせる。

④倍率を高くするときは，レボルバーを回して高倍率の対物レンズにする。

拡大倍率＝接眼レンズの倍率×対物レンズの倍率

❷ 細胞のつくり

□細胞《さいぼう》…生物の体をつくっている最小の単位。

□植物の細胞と動物の細胞に共通のつくり

・核《かく》…1つの細胞に1個あり，球形をしていて染色液(酢酸《さくさん》カーミン溶液や酢酸オルセイン溶液)によく染まる。

・細胞質《さいぼうしつ》…核のまわりをとりまく部分。

・**細胞膜**《さいぼうまく》…1個の細胞をおおっているうすい膜。

□植物の細胞に特有のつくり

・**細胞壁**《さいぼうへき》…細胞膜の外側を囲むつくり。植物の体の形を保つ。

・**葉緑体**《ようりょくたい》…葉や茎の細胞にある緑色の粒《つぶ》。

・**液胞**《えきほう》…細胞の活動でできた物質がとけた液で満たされた袋《ふくろ》状のつくり。

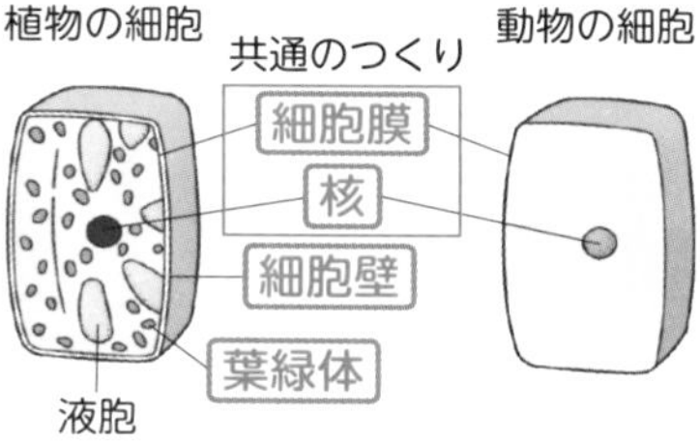

❸ 生物の体をつくる細胞

□**単細胞生物**《たんさいぼうせいぶつ》…体が1つの細胞でできている生物。

例：ハネケイソウ，ミカヅキモ，ゾウリムシ，アメーバ

□**多細胞生物**《たさいぼうせいぶつ》…体が複数の細胞でできている生物。

例：ヒト，タマネギ，ミジンコ

❹ 多細胞生物の成り立ち

□**組織**《そしき》…形やはたらきが同じ細胞が集まったもの。

□**器官**《きかん》…いくつかの組織が集まって，特定のはたらきをもつもの。

□**個体**《こたい》…いくつかの器官が集まってできた，独立した生命体。

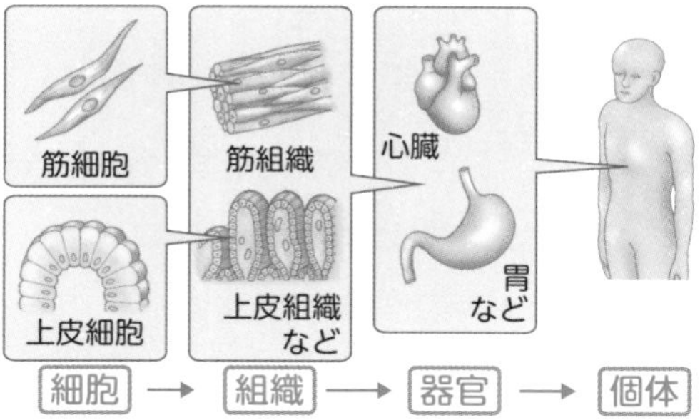

6 葉のつくりとはたらき

❶ 葉のつくり

□道管《どうかん》…根から吸い上げられた水や養分の通り道。

□師管《しかん》…葉でつくられた栄養分の通り道。

□維管束《いかんそく》…道管と師管が集まり，束になっている部分。

□葉脈《ようみゃく》…葉の表面に見られる筋のようなもの。茎や根につながっている。

・双子葉類の葉脈→網状脈《もうじょうみゃく》

・単子葉類の葉脈→平行脈《へいこうみゃく》

□気孔《きこう》…主に葉の表皮にあり，三日月形の孔辺細胞《こうへんさいぼう》に囲まれたすき間。孔辺細胞のはたらきで，気孔が開閉する。

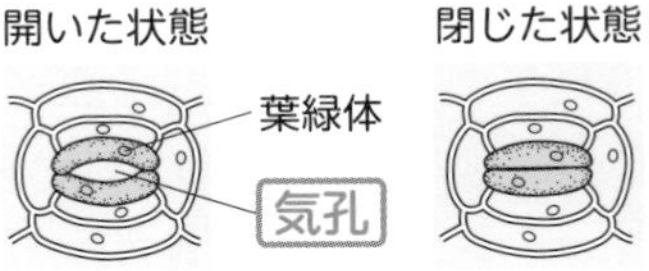

気孔は，酸素や二酸化炭素の出入り口，水蒸気の出口となる。

□葉緑体《ようりょくたい》…植物の細胞の中にたくさんある小さな緑色の粒《つぶ》。

□葉の細胞と断面のつくり

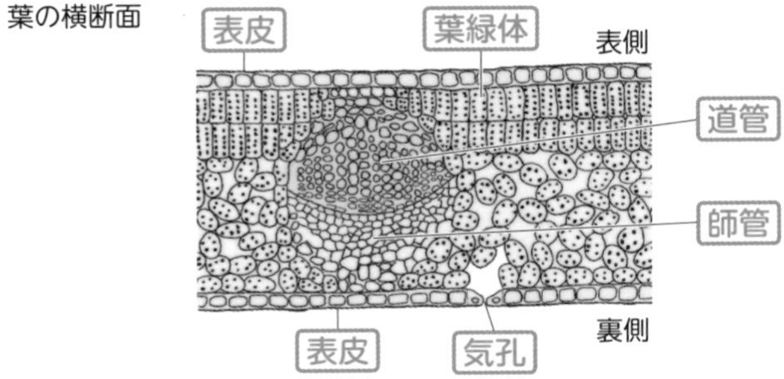

葉の維管束では，葉の表側のほうに道管，裏側のほうに師管が配置されている。また，気孔は葉の裏側に多く見られる。

❷ 光合成

□**光合成**…植物の葉が，太陽の光を受けて，水と二酸化炭素を原料に，デンプンなどの栄養分と酸素をつくるはたらき。

光

水＋**二酸化炭素** → デンプンなど＋**酸素**

デンプンは水にとけやすい物質に変わって，体全体に運ばれる。

□光合成が行われる場所を調べる実験

①日光によく当てたオオカナダモの葉と，日光に当てないようにしたオオカナダモの葉を用意し，熱湯にひたした後**エタノール**に入れ，葉の緑色をぬく。

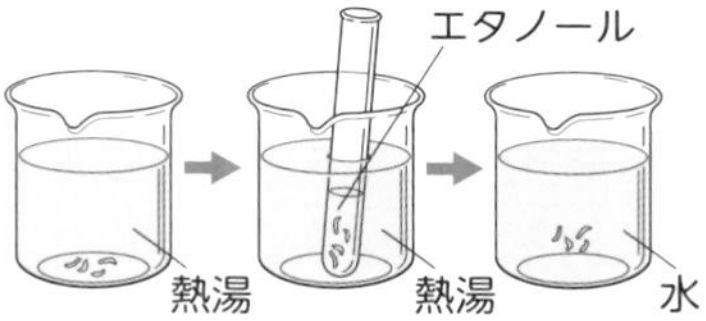

②①の葉を水で洗い，**ヨウ素液**をかけて顕《けん》微《び》鏡《きょう》で観察する。

・実験の結果…日光に当てたオオカナダモの細胞の中の葉緑体が**青《あお》紫《むらさき》**色になった。→細胞の中の**葉緑体**で光合成が行われた。

❸ 植物の呼吸と光合成

□植物の呼吸…**酸素**をとり入れて**二酸化炭素**を出している。

□呼吸と光合成

・昼：光合成と呼吸を両方行う。光合成では，**二酸化炭素**をとり入れ**酸素**を出す。

・夜：呼吸だけを行い，**酸素**をとり入れ**二酸化炭素**を出す。

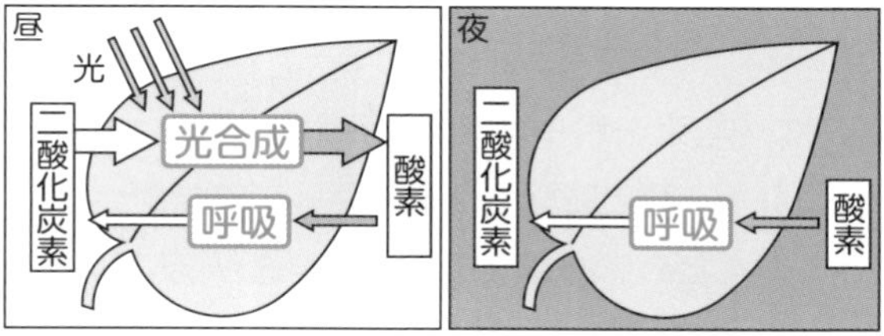

7 根・茎のつくりとはたらき

❶ 根のつくりとはたらき

□双子葉類《そうしようるい》の根のつくり…太い根の主根《しゅこん》と，そこから枝分かれした細い根の側根《そっこん》からなる。

□単子葉類《たんしようるい》の根のつくり…多数の細い根が広がるひげ根からなる。

□根毛《こんもう》…根の先端《せんたん》にある，細い毛のようなもの。

根毛があることで根の表面積が大きくなり，水や養分を効率よく吸収することができる。

□根の維管束《いかんそく》…根にも維管束があり，土から吸収した水を茎《くき》へと送っている。

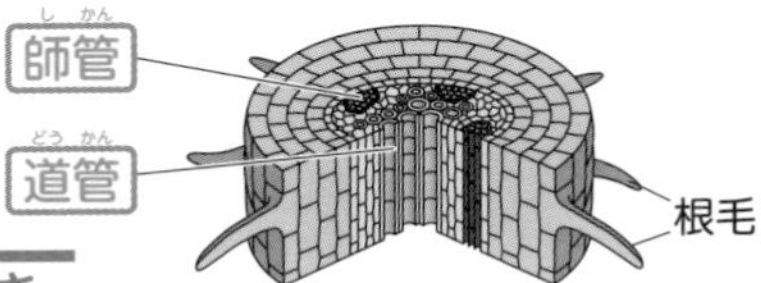

❷ 茎のつくりとはたらき

□茎の維管束…根からつながる維管束をもつ。

・道管…茎の中心側にある。

・師管…茎の外側にある。

□双子葉類の維管束…輪のように並んでいる。

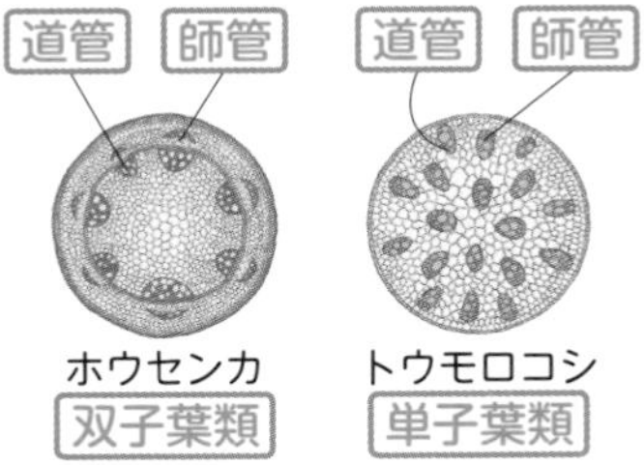

□単子葉類の維管束…散らばっている。

根からつながる茎の維管束は葉の葉脈につながっていて，植物が生きていくために必要な物質を運ぶ通り道になっている。

❸ 根と茎のつくりの比較

根のつくり

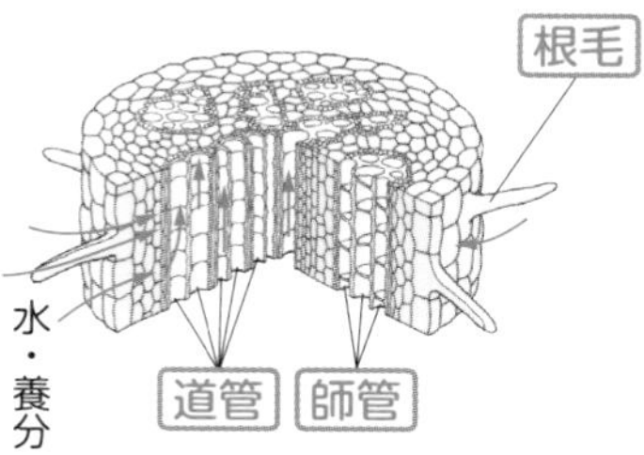

茎のつくり

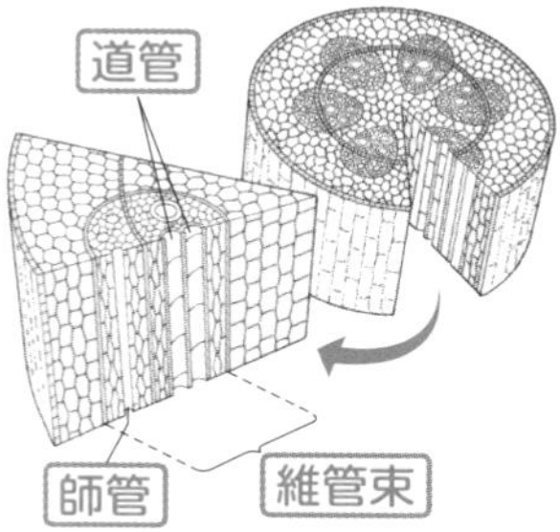

❹ 植物と水

□蒸散《じょうさん》…根から吸い上げられた水が，体の表面にある気孔《きこう》から水蒸気になって出ていくこと。

□蒸散を調べる実験

A 葉の表にワセリンをぬる　　B 葉の裏にワセリンをぬる

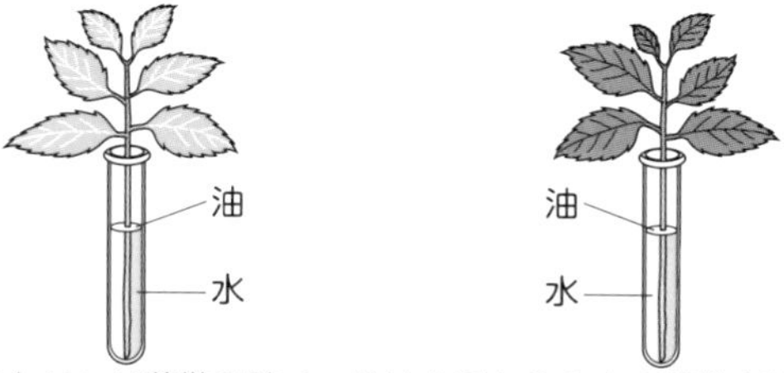

※ワセリンは蒸散を防ぐ。油は水面からの水の蒸発を防ぐ。

水の減少量

A > B ➡ 葉の裏側に気孔が多い。

□蒸散の役割

・根からの水の吸収をさかんにする。

・水にとけた養分を多く吸収する。

・植物の体の温度の上昇を防ぐ。

多くの植物では，光の当たる日中に気孔が開き，蒸散がさかんに行われる。

8 消化と吸収

❶ 消化

□消化《しょうか》…食物にふくまれる栄養分を分解して，吸収されやすい物質に変えること。

□消化器官《しょうかきかん》…栄養分を体にとり入れるためのはたらきをしている器官。

□消化管《しょうかかん》…消化器官のうち，食物が通る１本の長い管。

口→食道→胃→小腸

→大腸→肛門《こうもん》

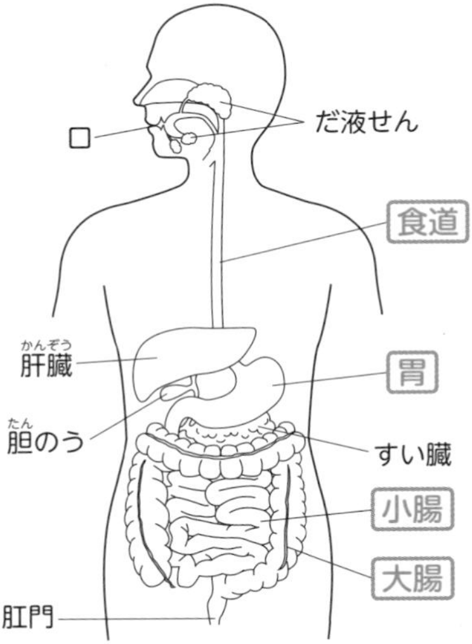

❷ だ液のはたらきを調べる実験

□デンプンにだ液を混ぜ，体温と同じくらいの温度に保ったときの変化を調べる。

	デンプンのりと水	デンプンのりとだ液
ヨウ素液	青紫色になる	変化なし
ベネジクト液	変化なし	赤褐色《せきかっしょく》になる

糖ができているとき，ベネジクト液を入れ加熱すると赤褐色に変化する。→だ液には，デンプンを糖に変えるはたらきがある。

デンプンのりとだ液の実験に対し，デンプンのりと水のような調べたい条件だけを変えた実験を対照実験という。

❸ 食物の消化と消化酵素

□消化液《しょうかえき》…食物を消化するはたらきをする液。

□消化酵素《しょうかこうそ》…消化液にふくまれ，栄養分を分解するはたらきをする。

消化液	消化酵素	はたらき
だ液	アミラーゼ	デンプンを分解する。
胃液	ペプシン	タンパク質を分解する。
胆汁《たんじゅう》	ふくまない。	脂肪《しぼう》の分解を助ける。
すい液	アミラーゼ トリプシン リパーゼ	デンプンを分解する。 タンパク質を分解する。 脂肪を分解する。

小腸の壁《かべ》からも消化酵素が出され，デンプンとタンパク質を分解する。

□栄養分が分解されてできる物質

・デンプン→ブドウ糖

・タンパク質→アミノ酸

・脂肪→モノグリセリド，脂肪酸

❹ 栄養分を吸収するしくみ

□柔毛《じゅうもう》…小腸の壁にあるたくさんのひだの表面に多数ある小さな突起《とっき》。消化された栄養分は柔毛で吸収される。

柔毛があることで小腸の表面積が大きくなり，栄養分を効率よく吸収できる。

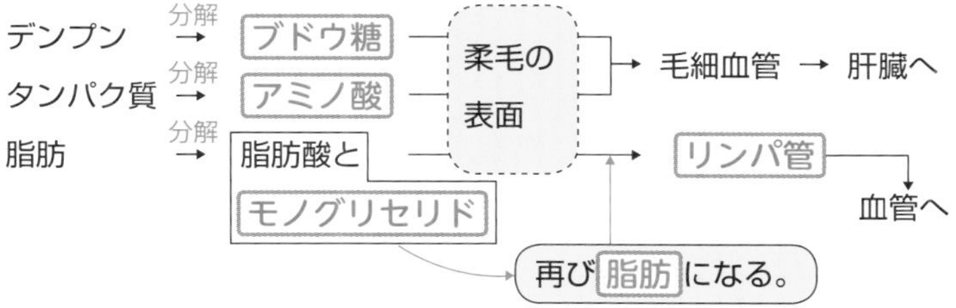

9 呼吸のはたらき，排出

❶ 細胞による呼吸

□細胞呼吸《さいぼうこきゅう》…細胞が，活動のための エネルギー をとり出すはたらき。

❷ 肺による呼吸

□肺《はい》による呼吸…体外から酸素をとりこみ，二酸化炭素を出すこと。

□気管…鼻や口からとり入れた空気が通る管。気管の先は細かく枝分かれして 気管支 となる。

□肺…気管支とその先につながる 肺胞《はいほう》 という小さな袋《ふくろ》からなる。

□肺胞のはたらき…肺胞は毛細血管でおおわれていて，肺胞中の空気から毛細血管中の血液に 酸素 をとり入れ，毛細血管中の血液から肺胞中へ 二酸化炭素 が渡《わた》される。

💡肺胞によって肺の表面積が大きくなり，効率よく気体の交換《こうかん》が行われる。

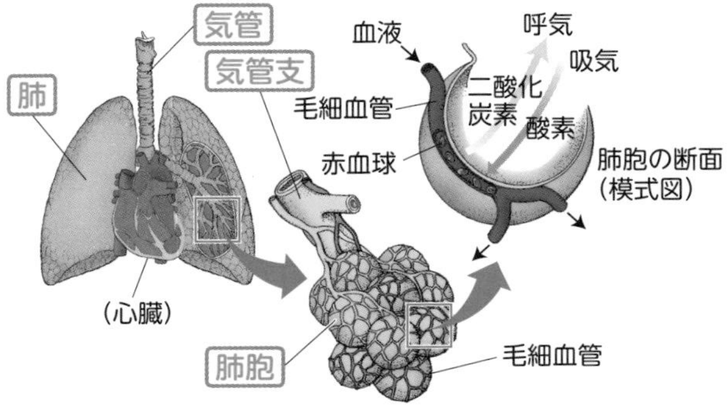

❸ 肺が空気を出し入れするしくみ

□胸《きょう》こう…ろっ骨《こつ》と横隔膜《おうかくまく》に囲まれた空間で，中に肺がある。

□肺の呼吸運動

・息を吸うとき…横隔膜が下がり，ろっ骨が上がる。

・息をはくとき…横隔膜が上がり，ろっ骨が下がる。

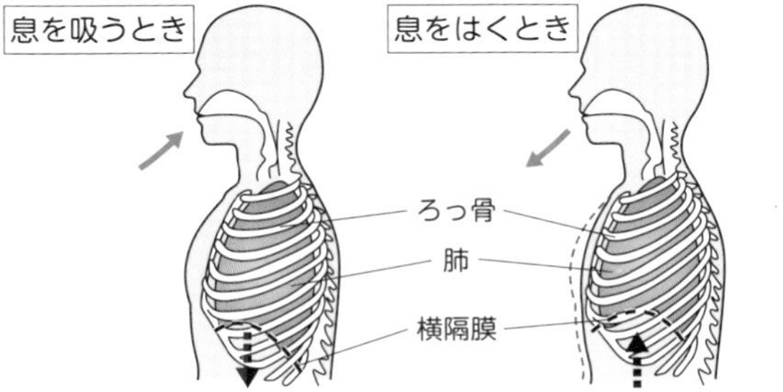

横隔膜が下がり，ろっ骨が上がると胸こうが広がるので，肺が広がり，空気が入る。

❹ 不要な物質をとり除くしくみ

□排出《はいしゅつ》…細胞で有機物を分解するときに生じる不要な物質を体外に出すはたらき。

□肝臓《かんぞう》のはたらき…アミノ酸の分解で生じた有害なアンモニアを，害の少ない尿素《にょうそ》に変える。

□腎臓《じんぞう》のはたらき…尿素や余分な水分や塩分を，血液中からこし出して尿をつくる。

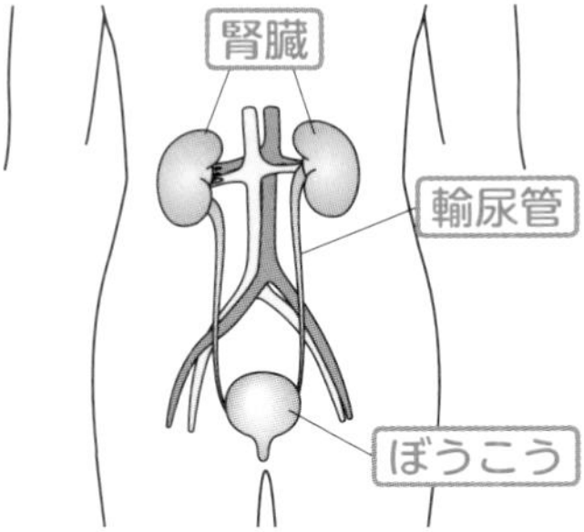

□尿の排出…腎臓から輸尿管《ゆにょうかん》を通って，ぼうこうへと送られ，体外へ排出される。

10 心臓のつくりと血液の循環

❶ 血液の成分とはたらき

□血液の成分…固形成分である赤血球《せっけっきゅう》，白血球《はっけっきゅう》，血小板《けっしょうばん》と，液体成分である血《けっ》しょうがある。

□赤血球…ヘモグロビンがふくまれていて，酸素を運ぶ。

□白血球…体外から侵入《しんにゅう》した細菌《さいきん》などをとりこみ，分解する。

□血小板…出血時に血液を固める。

□血しょう…栄養分や不要な物質をとかして運ぶ。一部は毛細血管からしみだして，細胞《さいぼう》を浸《ひた》す組織液《そしきえき》となる。

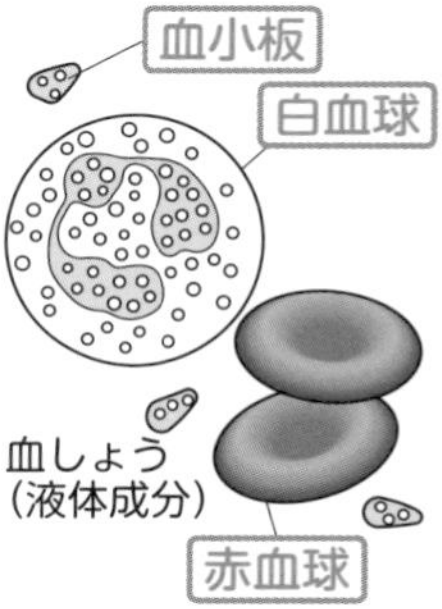

赤血球にふくまれるヘモグロビンは赤い色をしていて，酸素の多いところでは酸素と結びつき，酸素の少ないところでは酸素を放す性質をもつ。

❷ ヒトの心臓のつくり

□心臓のはたらき…厚い筋肉《きんにく》でできていて，周期的に収縮することで，全身に血液を送る。

□拍動《はくどう》…心臓が規則正しく収縮する運動。

□心臓のつくり…右心房《うしんぼう》，右心《うしん》室《しつ》，左心房《さしんぼう》，左心室《さしんしつ》の4つの部屋に分かれている。

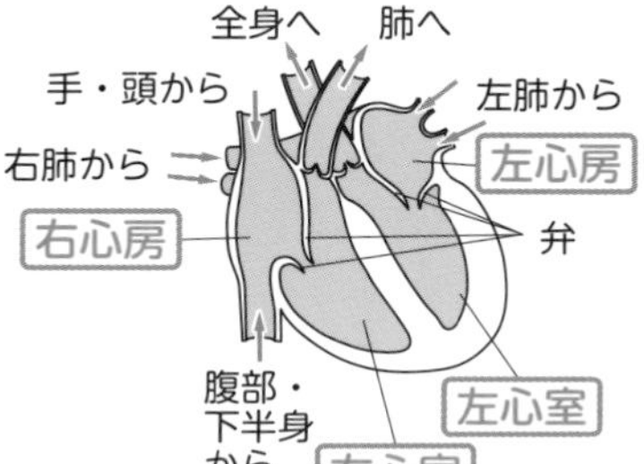

❸ 動脈と静脈

□**動脈《どうみゃく》**…心臓から送り出される血液が流れる血管。壁《かべ》が厚く弾力《だんりょく》がある。

□**静脈《じょうみゃく》**…心臓にもどる血液が流れる血管。動脈より壁がうすく，ところどころに血液の逆流を防ぐ**弁**がある。

動脈と静脈の間は，毛細血管でつながっている。

❹ 血液の循環

□**肺循環《はいじゅんかん》**…心臓から送り出された血液が肺に行き，再び心臓にもどる道すじ。

右心室→**肺動脈**→肺(肺の毛細血管)→**肺静脈**→左心房

□**体循環《たいじゅんかん》**…心臓から送り出された血液が全身をめぐり，再び心臓にもどる道すじ。

左心室→動脈→肺以外の全身の毛細血管→静脈→**右心房**

❺ 動脈血と静脈血

□**動脈血《どうみゃくけつ》**…肺で二酸化炭素を放し，酸素を受けとってあざやかな赤色になった血液。肺静脈と動脈(肺動脈を除く)に流れる。

□**静脈血《じょうみゃくけつ》**…全身から二酸化炭素を集めて心臓にもどる，暗赤色の血液。肺動脈と静脈(肺静脈を除く)に流れる。

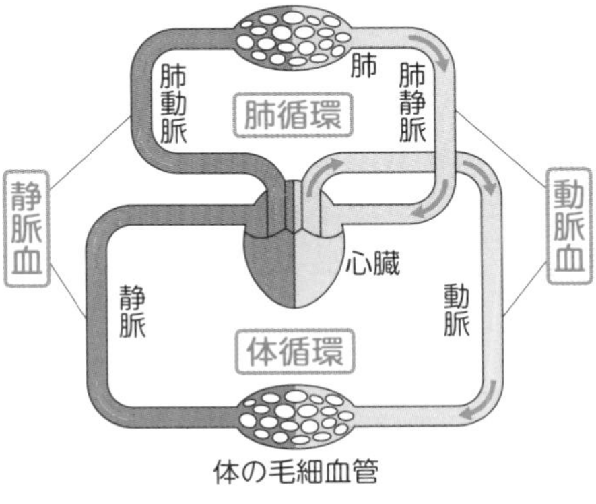

11 刺激と反応

❶ 刺激を受けとるしくみ

□感覚器官《かんかくきかん》…外界の刺激《しげき》を受けとる器官。

例：目，耳，鼻，舌，皮膚《ひふ》

□目…光の刺激をレンズを通して網膜《もうまく》で受けとり，視神経《ししんけい》から脳《のう》へと伝える。虹彩《こうさい》は瞳《ひとみ》の大きさを変え，目に入る光の量を調節する。

□耳…音の振動《しんどう》を鼓膜《こまく》でとらえ，耳小骨《じしょうこつ》を通してうずまき管が刺激として受けとり，聴神経《ちょうしんけい》から脳へと伝える。

□鼻…においの刺激を受けとり，嗅神経《きゅうしんけい》から脳へと伝える。

□舌…味の刺激を受けとり，神経を通して脳へと伝える。

□皮膚…温かさや冷たさ，痛み，ものに触れた刺激などを感覚点で受けとり，神経を通して脳へと伝える。

（右目を上から見た図）

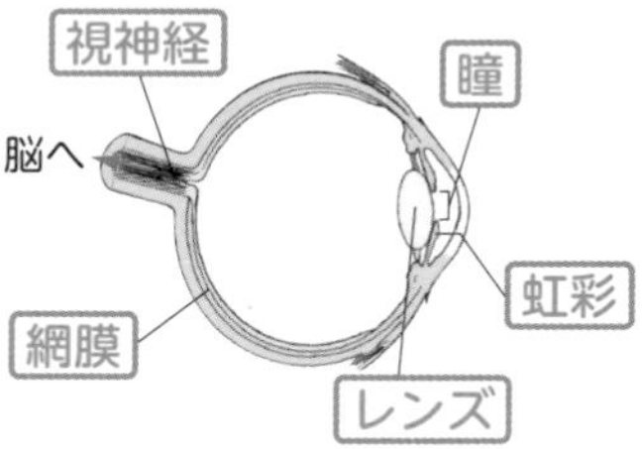

（耳のつくり）

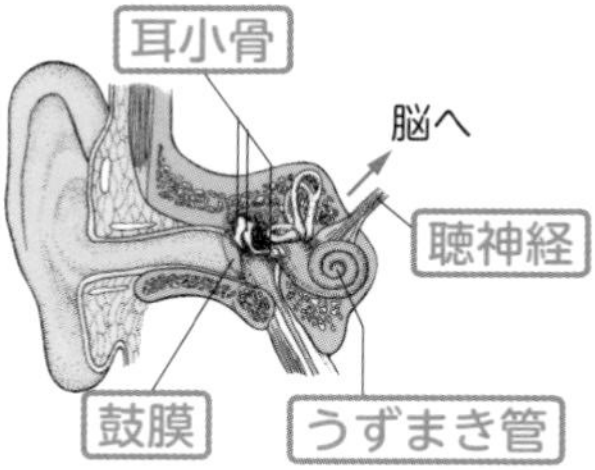

❷ 刺激に反応するしくみ

□中枢神経《ちゅうすうしんけい》…判断や命令を行う神経。脳や脊髄《せきずい》がある。

□末《まっ》しょう神経《しんけい》…中枢神経から枝分かれして全身に広がる神経。感覚神経《かんかくしんけい》や運動神経《うんどうしんけい》がある。

□感覚神経…感覚器官からの信号を，脳や脊髄に伝える神経。

□運動神経…脳や脊髄からの信号を，運動器官や内臓の筋肉に伝える神経。

❸ 反応が起こるしくみ

□意識して起こす反応…脳が判断し命令を出す。

刺激 → 感覚器官 → 感覚神経 → 脊髄 → 脳
脳 → 脊髄 → 運動神経 → 運動器官 → 反応

□無意識に起こる反応(反射)…脊髄から直接命令を出す。

刺激 → 感覚器官 → 感覚神経 → 脊髄
脊髄 → 運動神経 → 運動器官 → 反応

❹ 運動のしくみ

□運動器官…手や足などの器官。骨《ほね》と筋肉《きんにく》で動く。

□骨格《こっかく》…背骨《せぼね》を中心とした多数の骨の集まり。ヒトなどのように，体の内部にある骨格を内骨格という。

骨格は，体を支え，全体の形をつくるとともに，内部の器官を保護している。

□運動のしくみ…両端《りょうたん》にあるけんで関節をへだてて骨につながる筋肉が，収縮したりゆるんだりすることで運動する。

▶うでをのばすとき

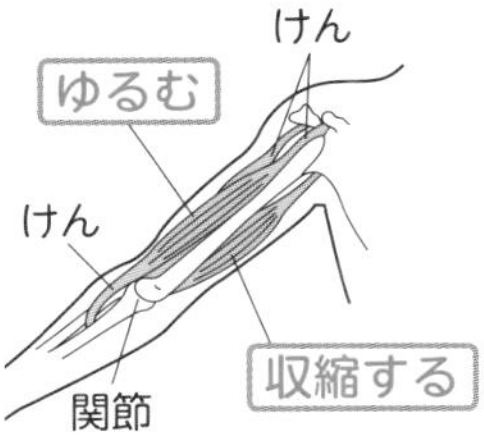

▶うでを曲げるとき

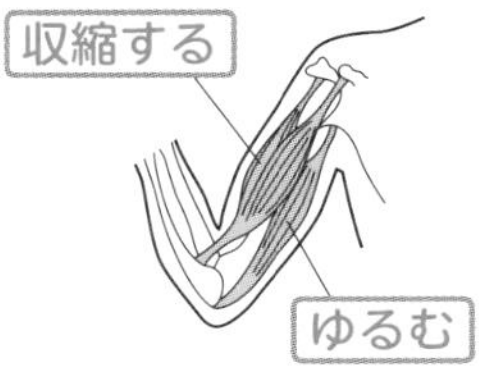

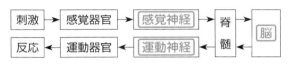

12 気象観測，大気圧と圧力

① 気象観測

□ **雲量《うんりょう》**…空全体を10としたときの雲がおおっている割合。

□ **気温《きおん》**…空気の温度。地上から約1.5mの高さの，直射日光が当たらないところではかる。

□ **湿度《しつど》**…空気中に水蒸気がふくまれている度合い。乾湿計《かんしつけい》と湿度表から求める。

天気	記号	雲量
快晴	○	0〜1
晴れ	⦶	2〜8
くもり	◎	9〜10
雨	●	
雪	⊗	

●乾湿計

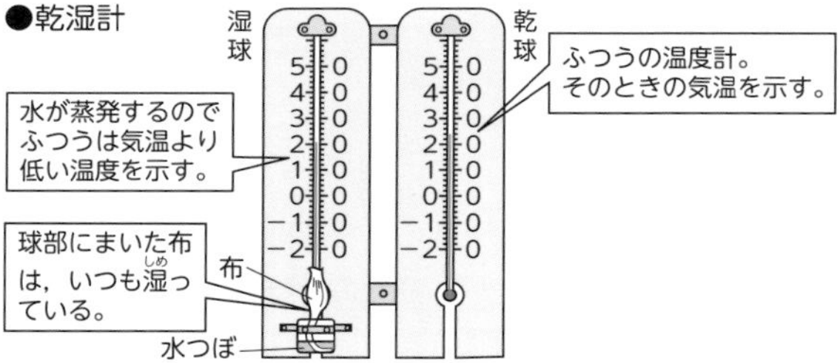

□ **気圧《きあつ》**…気圧計ではかる。単位は**ヘクトパスカル**〔hPa〕。

□ **風向《ふうこう》**…風がふいてくる方向。風向計やけむりのたなびく方向などで調べ，16方位で表す。

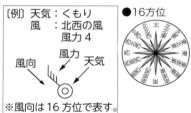

〔例〕天気：くもり
風　：北西の風
風力４

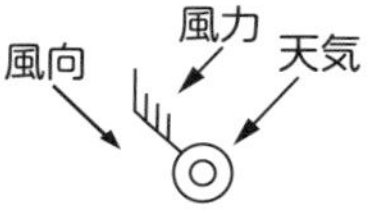

※風向は16方位で表す。

●16方位

□ **風速《ふうそく》**…空気が１秒あたりに進む距離《きょり》。単位はメートル毎秒〔m/s〕。

□ **風力**…風の強さ。０～12の13段階で表す。

💡雲量，気温，湿度，気圧，風向，風速，風力などを，**気象要素《きしょうようそ》**という。

❷ 気温・湿度・気圧の変化と天気

●気温・湿度と天気

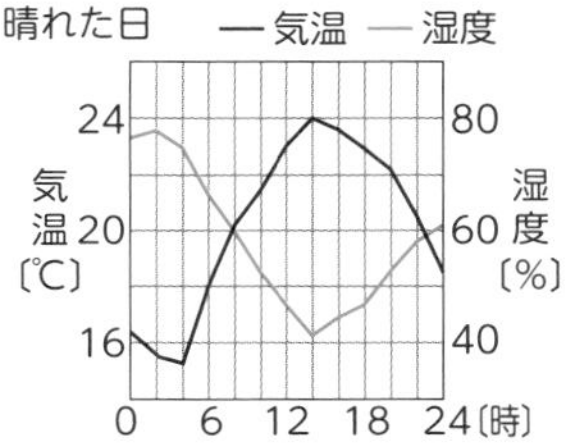

気温が上がると，湿度は下がる。

□晴れた日…気温は朝方に最低，午後２時ごろに最高になる。気温と湿度の変化は逆になる。

□雨やくもりの日…気温，湿度ともに変化が小さい。

□気圧と天気の関係…気圧が高くなると天気はよくなり，気圧が低くなると天気は悪くなりやすい。

❸ 大気の中ではたらく力

□圧《あつ》力《りょく》…面 $1\mathrm{m}^2$ あたりに垂直にはたらく力。単位はパスカル〔Pa〕。

□圧力の求め方

$$\text{圧力〔Pa〕}=\frac{\text{面を垂直に押《お》す力〔N〕}}{\text{力がはたらく面積〔}\mathrm{m}^2\text{〕}}$$

□圧力の性質

・力がはたらく面積が同じとき，圧力の大きさは面を押す力の大きさに比例する。

・面を押す力の大きさが同じとき，圧力の大きさは力がはたらく面の面積に反比例する。

□大《たい》気《き》圧《あつ》（気圧）…空気の重さによって生じる圧力。単位はヘクトパスカル〔hPa〕。1hPa ＝ 100Pa

□大気圧の性質

・大気圧の大きさは，上空にいくほど小さくなる。

・大気圧は，あらゆる向きからはたらく。

高度０mの気圧の大きさを１気圧とする。１気圧＝約 1013hPa

13 大気中の水の変化

❶ 空気中の水蒸気

□**飽《ほう》和《わ》水《すい》蒸《じょう》気《き》量《りょう》**…空気 1m³ にふくむことのできる水蒸気の最大量。気温が高くなるほど大きくなる。

□**凝《ぎょう》結《けつ》**…空気中の水蒸気が水に変わること。

□**露《ろ》点《てん》**…空気中の水蒸気が凝結し始めるときの温度。

●気温と飽和水蒸気量

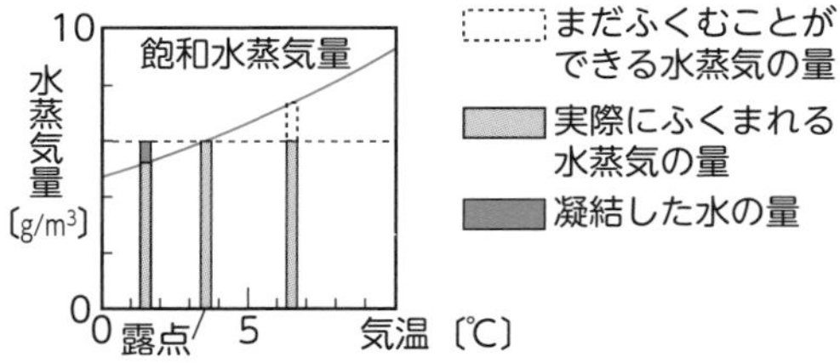

□露点のはかり方

①室温をはかる。

②金属製のコップに**くみ置き**の水を入れ，水温をはかる。

③コップに氷水を少しずつ入れ，かき混ぜる。

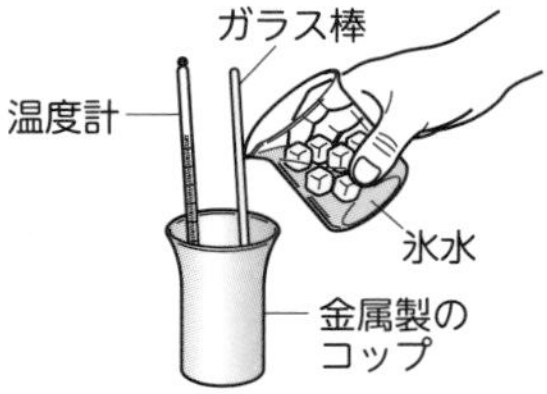

④コップの表面が**くもり**始めたときの温度が露点となる。

❷ 湿度

□湿《しつ》度《ど》の求め方

$$\textbf{湿度}〔\%〕=\frac{\text{空気 } 1\text{m}^3 \text{ 中にふくまれる水蒸気量}〔\text{g/m}^3〕}{\text{その気温での飽和水蒸気量}〔\text{g/m}^3〕}\times 100$$

□気温が同じとき，湿度が高いほど露点は**高い**。

露点では湿度は**100**%となる。

③ 雲のでき方

□雲は，水蒸気をふくんだ空気のかたまりが上昇《じょうしょう》するときにできる。

①空気が上昇する。

②気圧が下がる。

③空気が膨張《ぼうちょう》する。

④温度が下がり，露点に達する。

⑤水蒸気が凝結して水滴《すいてき》になる。

⑥雲ができる。

雲は，無数の水滴や氷の粒《つぶ》が集まったものである。

●雲のでき方

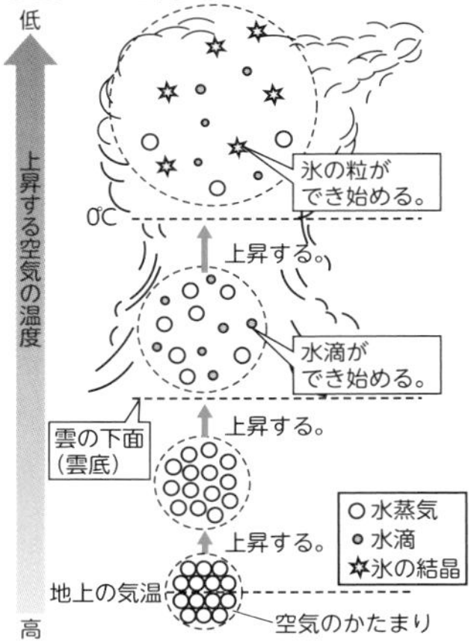

④ 雨や雪のでき方

□降水《こうすい》…空から落ちてくる水分である，雨や雪のこと。

□雨…雲をつくる水滴が落ちてきたもの。

□雪…雲をつくる水滴が冷やされて氷の粒になり，とけずに落ちてきたもの。

⑤ 水の循環

□地球上の水は，姿を変えながら循環《じゅんかん》している。

□地球上の水は，太陽光によってあたためられて蒸発し水蒸気になる。
→水蒸気が雲をつくり，降水となり地上にもどる。

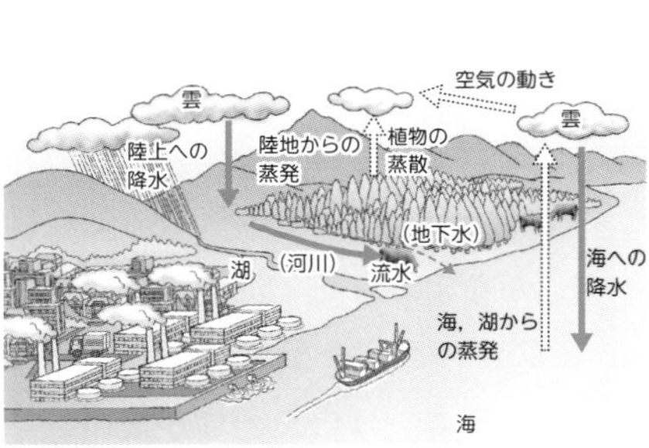

14 天気の変化，大気の動き

❶ 高気圧と低気圧

□高気圧《こうきあつ》…まわりより気圧が高いところ。下降《かこう》気流が発生し，中心から時計回りに風がふき出す。

□低気圧《ていきあつ》…まわりより気圧が低いところ。上昇《じょうしょう》気流が発生し，中心に向かって反時計回りに風がふきこむ。

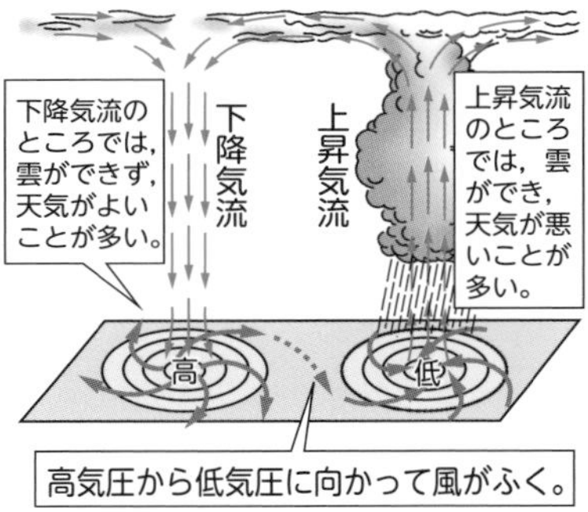

下降気流のところでは，雲ができず，天気がよいことが多い。
下降気流
上昇気流
上昇気流のところでは，雲ができ，天気が悪いことが多い。
高
低
高気圧から低気圧に向かって風がふく。

□等圧線…気圧が等しい地点を結んだ曲線。

❷ 気団と前線

□気団《きだん》…気温や湿度《しつど》が一様で大規模な大気のかたまり。

□前線面《ぜんせんめん》…寒気と暖気の境界面。

□前線…前線面が地表と接する線。

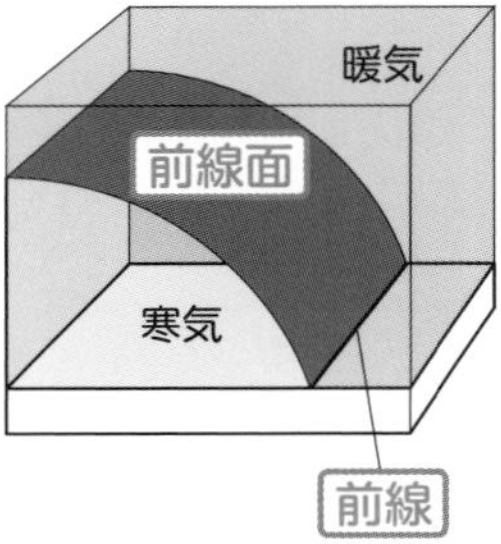

暖気
前線面
寒気
前線

□いろいろな前線

- 寒冷前線《かんれいぜんせん》…寒気が暖気の下にもぐりこむようにして進む。
- 温暖前線《おんだんぜんせん》…暖気が寒気の上をはい上がるようにして進む。
- 停滞前線《ていたいぜんせん》…寒気と暖気の勢力がつり合って，ほとんど動かない。
- 閉塞前線《へいそくぜんせん》…寒冷前線が温暖前線に追いついてできる。

●前線の記号

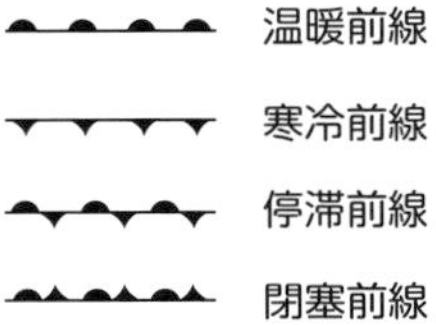

温暖前線
寒冷前線
停滞前線
閉塞前線

③ 前線の通過と天気の変化

□温帯低気圧《おんたいていきあつ》…中緯度《ちゅういど》で発生する低気圧。南東側に温暖前線，南西側に寒冷前線をともなうことが多い。

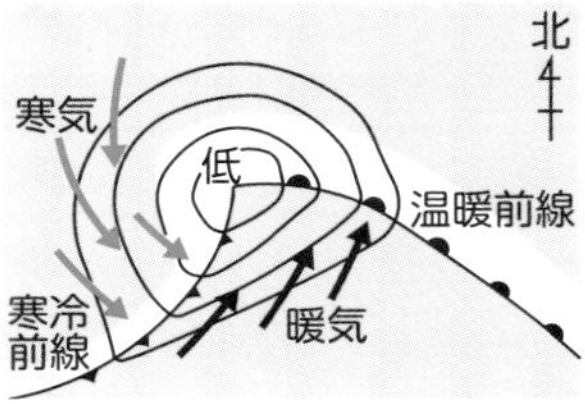

□前線が通過したときの天気の変化

	寒冷前線	温暖前線
雨の降り方	短時間，強い	長時間，弱い
通過後の気温	急激に下がる	上がる
通過後の風向	北寄りに変わる	南寄りに変わる

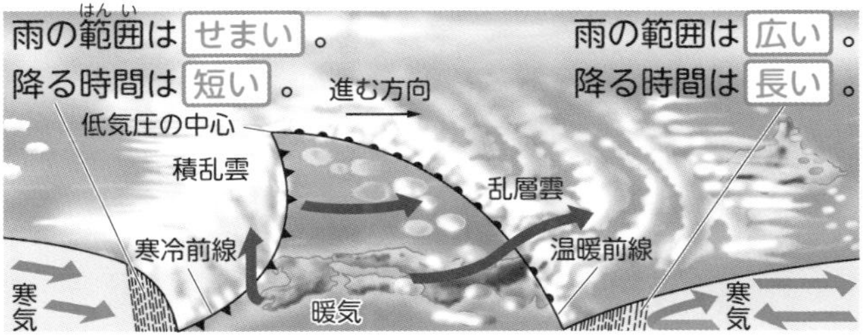

④ 地球上の大気の動き

□偏西風《へんせいふう》…日本が位置する地球の中緯度帯の上空を，西から東へとふく風。偏西風の影響《えいきょう》で，天気は西から東へと変化する。

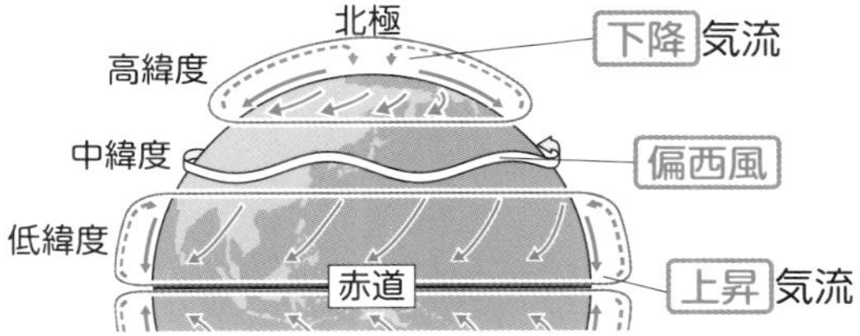

気温が高い赤道付近では上昇気流が，気温が低い北極，南極付近では下降気流が起こり，大気が動いて風がふく。

15 日本の天気

❶ 海と陸の間の大気の動き

□海陸風《かいりくふう》

・海風《うみかぜ》…昼に海から陸へ向かってふく風。

・陸風《りくかぜ》…夜に陸から海へ向かってふく風。

昼

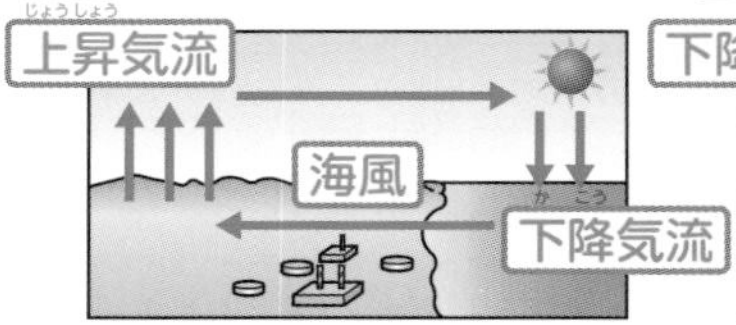

高い ⬅ 温度 ➡ 低い

低い ⬅ 気圧 ➡ 高い

夜

低い ⬅ 温度 ➡ 高い

高い ⬅ 気圧 ➡ 低い

□季節風《きせつふう》…季節に特徴的《とくちょうてき》な風。大陸と海の温度差によって生じる。

・夏の季節風：海から大陸へ向かって南東の風がふく。

・冬の季節風：大陸から海へ向かって北西の風がふく。

大陸と海の間では，温度が高いほうに上昇気流が生じて気圧が低くなり，温度が低いほうに下降気流が生じて気圧が高くなる。

❷ 四季の天気の特徴

□日本付近の気団…季節によって異なる気団が発達し，四季の天気に影響《えいきょう》をおよぼす。

□春・秋の天気…移動性高気圧と低気圧が交互《こうご》に通過し，天気が周期的に変化する。

●日本付近の気団

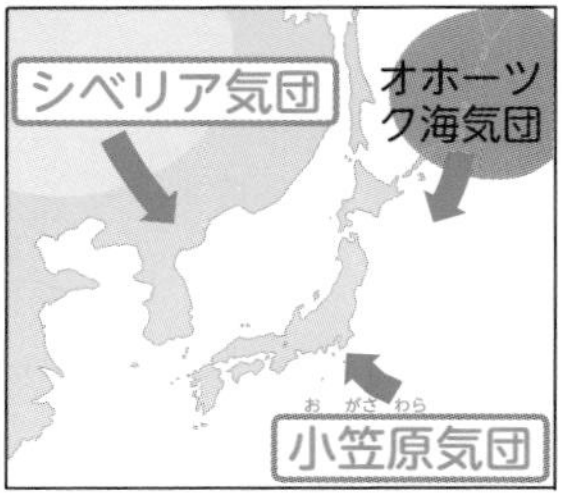

□**つゆ(梅雨《ばいう》)**…オホーツク海気団と小笠原気団の境目に，**梅雨前線**(停滞《ていたい》前線)ができ，くもりや雨の日が続く。

●梅雨のころの天気図

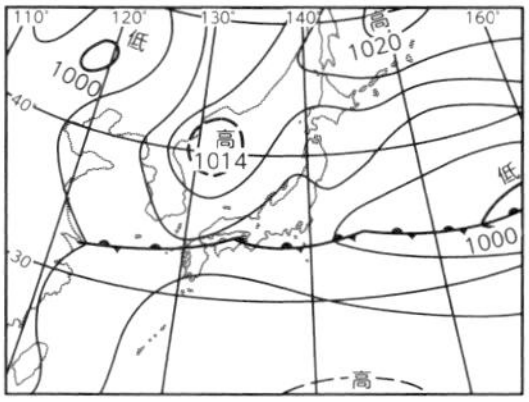

□夏の天気…南側に太平洋高気圧が発達し，北側に低気圧がある**南高北低**の気圧配置になりやすい。**小笠原**気団の影響を受けて**南東**の季節風がふき，高温で湿度《しつど》が高く蒸《む》し暑い日が続く。

●夏のころの天気図

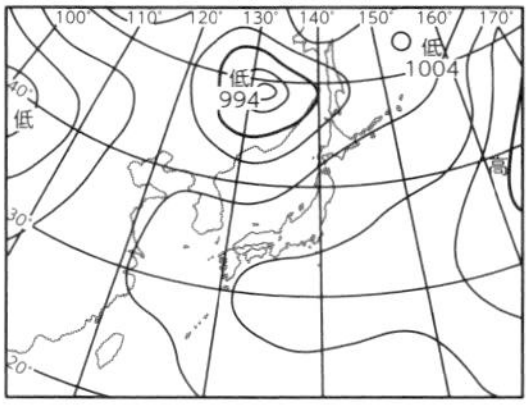

□**台風**…熱帯地方の海上で発生した熱帯低気圧のうち，最大風速が 17.2m/s 以上に発達したもの。

台風は前線をともなわず，等圧線は同心円状をしている。中心部には強い風がふきこみ，積乱雲が発達する。

□冬の天気…西の大陸側にシベリア高気圧が発達し，東側に低気圧がある**西高東低**の気圧配置になりやすい。**シベリア**気団の影響を受けて**北西**の冷たい季節風がふく。また，日本海側では大雪になり，太平洋側では乾燥《かんそう》した晴れの日が続くことが多い。

●冬のころの天気図

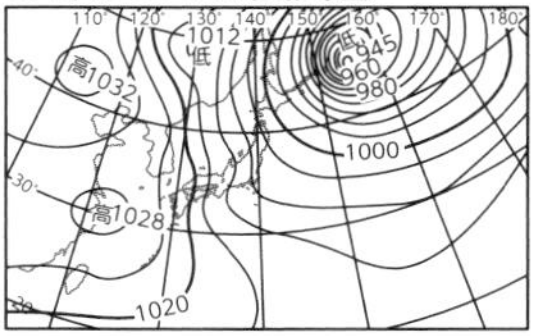

●日本海側と太平洋側の冬の天気

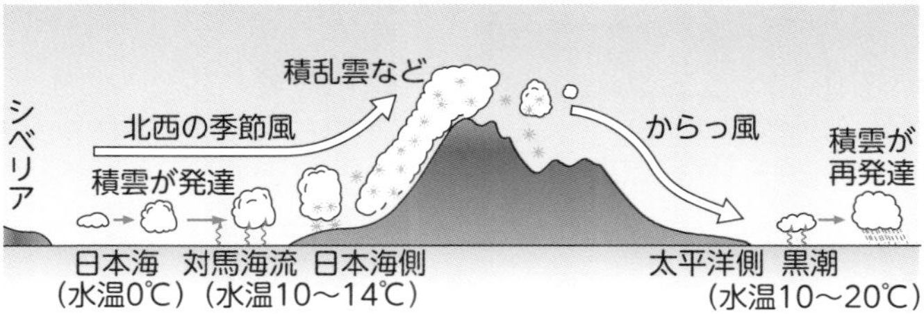

16 回路と電流・電圧

❶ 回路と電流・電圧

□回路《かいろ》…電流が流れるひとつながりの道すじ。

□電流《でんりゅう》…電気の流れ。

□電流の向き…電源《でんげん》の＋極から流れ出て，－極へ流れこむ。単位はアンペア〔A〕，ミリアンペア〔mA〕。1A＝1000 mA

□電圧《でんあつ》…回路に電流を流そうとするはたらき。単位はボルト〔V〕。

□回路図…電気用図記号《でんきようずきごう》などを用いて回路を表した図。

●電気用図記号

電 源	導線の交わり	スイッチ	抵抗器《ていこうき》	電 球	電流計	電圧計
（長いほうが＋極）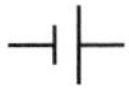	接続する　接続しない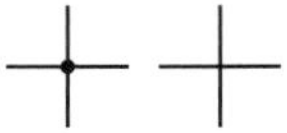		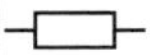			

□直列回路《ちょくれつかいろ》…1 本の道すじでつながっている回路。

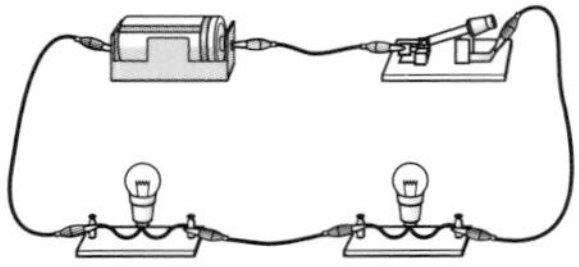
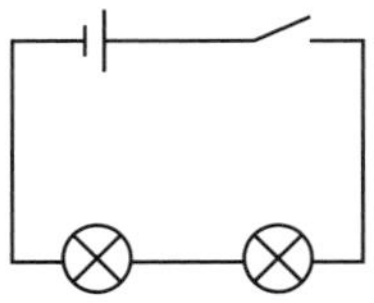

□並列回路《へいれつかいろ》…道すじが枝分かれしている回路。

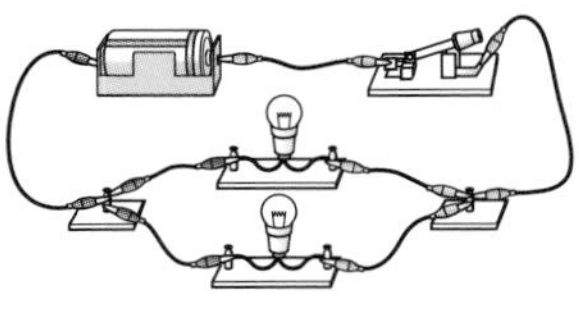
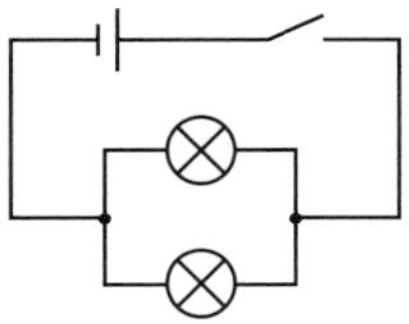

直列回路では，2 個の豆電球のうち一方を外すと，電流の道すじが途切《とぎ》れてもう一方の豆電球も消えるが，並列回路では，一方の豆電球を外してももう一方の豆電球は消えない。

❷ 電流計と電圧計の使い方

□電流計…回路に直列につなぐ。＋端《たん》子《し》を電池の＋極側，－端子を電池の－極側につなぐ。－端子は，最初に5 Aのものを使い，500mAの端子，50mAの端子へと順につなぎかえる。

□電圧計…回路に並列につなぐ。＋端子を電池の＋極側，－端子を電池の－極側につなぐ。－端子は，最初に300 Vのものを使い，15Vの端子，3Vの端子へと順につなぎかえる。

電流計，電圧計ともに，正面から見て最小目盛りの$\frac{1}{10}$まで読む。

●電流計のつなぎ方

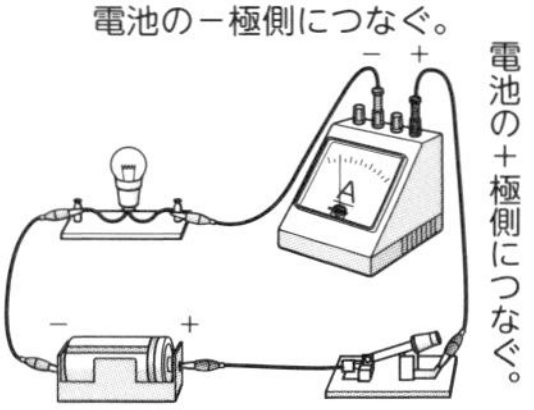

●電圧計のつなぎ方

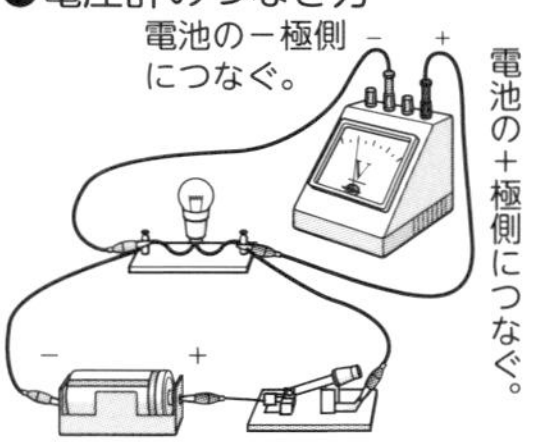

❸ 直列回路と並列回路の電流・電圧

□直列回路の電流…どの部分の電流も同じ大きさである。

□直列回路の電圧…各豆電球にかかる電圧の和が，電源の電圧に等しい。

	直列回路	並列回路
電流	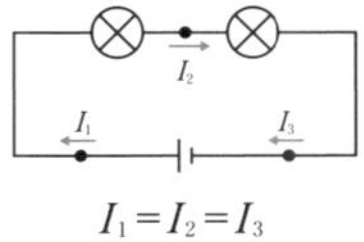 $I_1=I_2=I_3$	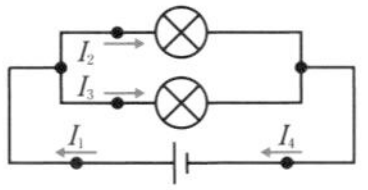 $I_1=I_2+I_3=I_4$
電圧	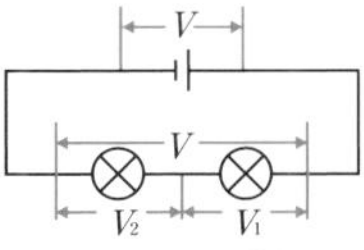 $V=V_1+V_2$	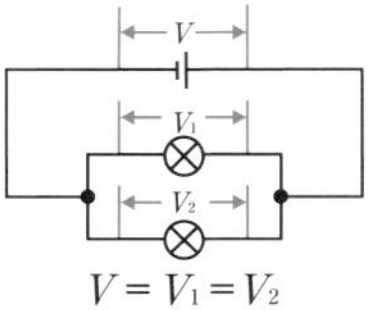 $V=V_1=V_2$

□並列回路の電流…枝分かれした部分に流れる電流の和が，枝分かれする前および合流したあとの電流の大きさに等しい。

□並列回路の電圧…各豆電球にかかる電圧は，電源の電圧に等しい。

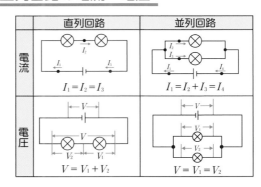

17 オームの法則，電流による発熱

❶ 電流と電圧の関係

□電気抵抗《でんきていこう》（抵抗《ていこう》）…電流の流れにくさを表す量。単位はオーム〔Ω〕。

□オームの法則…電流は電圧に比例する。

・電圧　V〔V〕＝抵抗 R〔Ω〕×電流 I〔A〕

・電流　$I\text{〔A〕}=\dfrac{\text{電圧 }V\text{〔V〕}}{\text{抵抗 }R\text{〔Ω〕}}$

・抵抗　$R\text{〔Ω〕}=\dfrac{\text{電圧 }V\text{〔V〕}}{\text{電流 }I\text{〔A〕}}$

●電圧と電流の関係

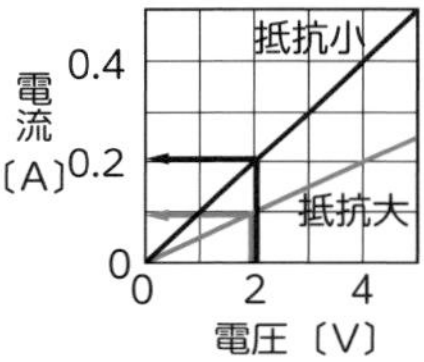

❷ 直列回路と並列回路の全体の抵抗

□直列回路《ちょくれつかいろ》…全体の抵抗は，各抵抗の大きさの和になる。

□並列回路《へいれつかいろ》…全体の抵抗は，各抵抗の大きさより小さくなる。

●直列回路の抵抗

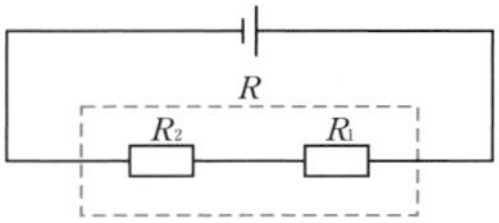

$R = R_1 + R_2$

●並列回路の抵抗

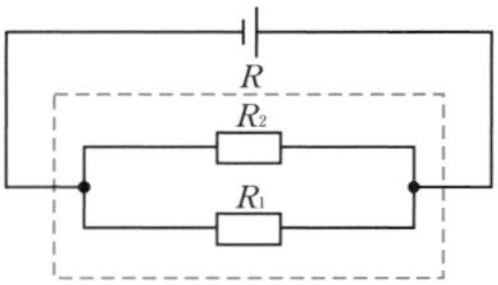

$\dfrac{1}{R} = \dfrac{1}{R_1} + \dfrac{1}{R_2}$

$R < R_1$

$R < R_2$

❸ 物質の種類と電気抵抗

□導体《どうたい》…金属など，抵抗が小さく，電流が流れやすい物質。

□不導体《ふどうたい》（絶縁体《ぜつえんたい》）…ゴムやガラスなど，抵抗が大きく，電流が流れにくい物質。

導線には抵抗の小さい銅が使われ，外側は抵抗の大きい不導体のポリ塩化ビニルでおおわれている。

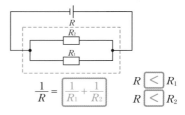

❹ 電力

□**電気エネルギー**…電気がもつエネルギーのこと。光や熱，音を発生させたり，ものを動かしたりするはたらきをもつ。

□**電力**《でんりょく》…1 秒あたりに使われる電気エネルギーの大きさを表す量。単位は**ワット**〔W〕。

□電力の求め方

電力〔W〕＝**電圧**〔V〕×**電流**〔A〕

💡電気器具の「100 V－500 W」の表示は，100 Vの電圧で使用したとき，消費する電力が 500 Wであることを示している。

□**電力量**…電気器具が電流によって消費した電気エネルギーの量。単位は**ジュール**〔J〕。

□電力量の求め方

電力量〔J〕＝**電力**〔W〕×**時間**〔s〕

💡1 Wの電力を 1 時間使ったときの電力量を 1 ワット時(Wh)ともいう。1〔Wh〕＝3600〔J〕

❺ 電流による発熱量

□**熱量**《ねつりょう》…物質に出入りする熱の量。単位は**ジュール**〔J〕。

□熱量の求め方

熱量〔J〕＝**電力**〔W〕×**時間**〔s〕

□電熱線の発熱量を調べる実験

・電熱線の電力が一定のとき水の上昇温度(発熱量)は，**電流を流した時間**に比例する。

・電流を流す時間が一定のとき水の上昇温度(発熱量)は，電熱線の**電力**に比例する。

●電熱線の発熱量を調べる実験

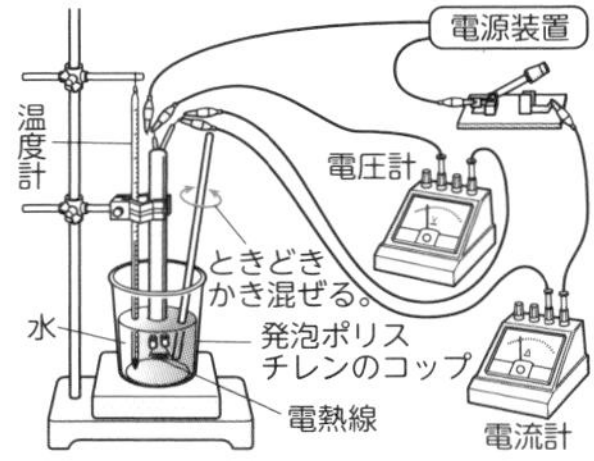

18 静電気と電流

❶ 静電気

□**静電気《せいでんき》**…2 種類の物体をこすり合わせたときに生じる電気。一方の物体に＋の電気，もう一方の物体に－の電気が生じる。

□摩擦《まさつ》で静電気が生じるしくみ

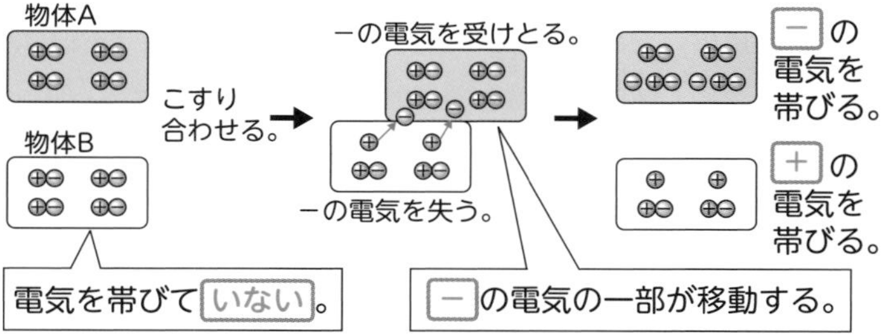

物体A
物体B
こすり
合わせる。
－の電気を受けとる。
－の電気を失う。
－の
電気を
帯びる。
＋の
電気を
帯びる。
電気を帯びていない。
－の電気の一部が移動する。

□**電気《でんき》の力《ちから》(電気力《でんきりょく》)**…電気の間にはたらく力。

□電気の性質

・電気には**＋**と**－**の 2 種類がある。

・異なる種類の電気(＋と－)の間には**引き合う**力がはたらく。

・同じ種類の電気(＋と＋，－と－)の間には**しりぞけ合う**力がはたらく。

・電気の力は，離《はな》れていてもはたらく。

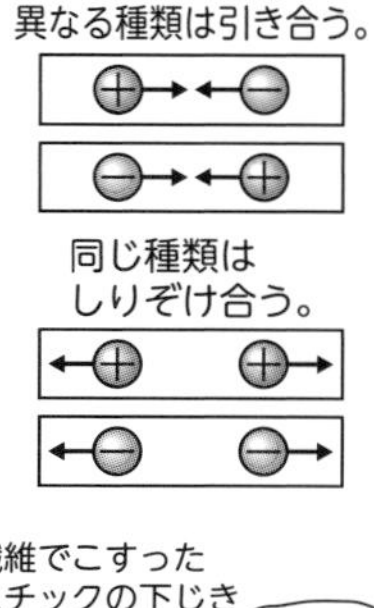

異なる種類は引き合う。
同じ種類は
しりぞけ合う。

□静電気によって電流を発生させる実験

下じきを化学繊維《せんい》などでこすって静電気を発生させ，ネオン管を近づけると，ネオン管が一瞬《いっしゅん》光る。

化学繊維でこすった
プラスチックの下じき
ネオン管

ネオン管が光ることから，**電流**が流れたことがわかる。

❷ 電流の正体

□放電《ほうでん》…静電気が空間を移動したり，物体にたまっていた静電気が流れ出す現象。

□真空放電《しんくうほうでん》…気圧を低くした空間に電流が流れる現象。

□陰極線《いんきょくせん》…電極の－極側から＋極側に向かって流れる電子の流れ。

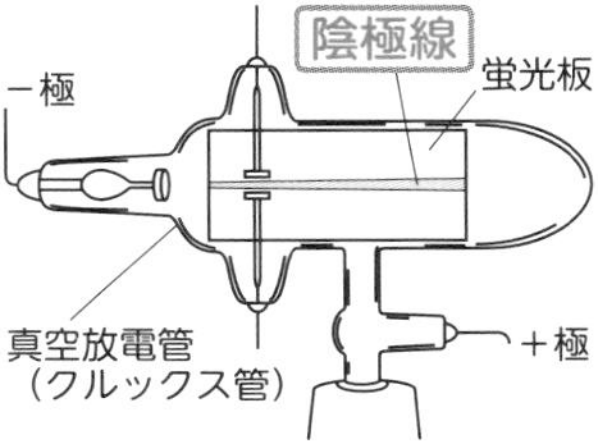

□電子の性質

・質量をもつ非常に小さい粒子《りゅうし》である。

・－の電気をもっている。

□電流の正体…電流は電子の流れである。

電子は－極から＋極へと移動する。
電流の向きは＋極から－極である。
→逆になっている。

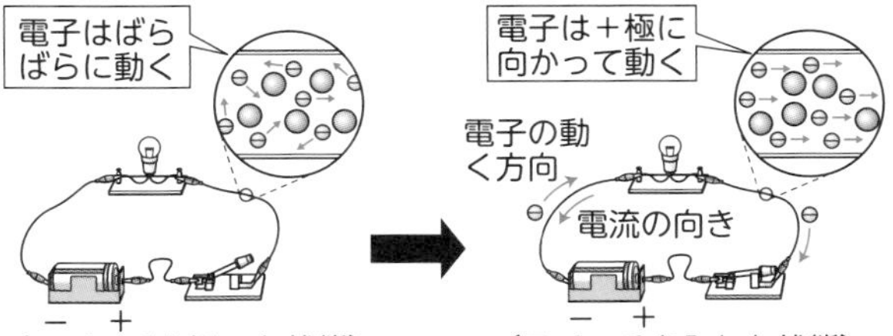

〔スイッチを切った状態〕　〔スイッチを入れた状態〕

❸ 放射線

□放射線《ほうしゃせん》…X線《エックスせん》，α線《アルファせん》，β線《ベータせん》，γ線《ガンマせん》など。放射線を出す物質を放射性物質《ほうしゃせいぶっしつ》という。

□放射線の性質…物質を通りぬける性質(透過性《とうかせい》)や，物質を変質させる性質がある。

レントゲン撮影《さつえい》で使用されるX線は，真空放電の実験によって発見され，医療《いりょう》の分野などで利用されている。

19 電流と磁界

❶ 磁界

□磁力《じりょく》…磁石による力。同じ極どうし(N極とN極，S極とS極)はしりぞけ合い，異なる極どうし(N極とS極)は引き合う。

□磁界《じかい》…磁力がはたらいている空間。

□磁界の向き…磁界の中で方位磁針のN極がさす向き。

□磁力線《じりょくせん》…磁界の向きにそってかいた線。N極からS極に向けて矢印をつけて表す。

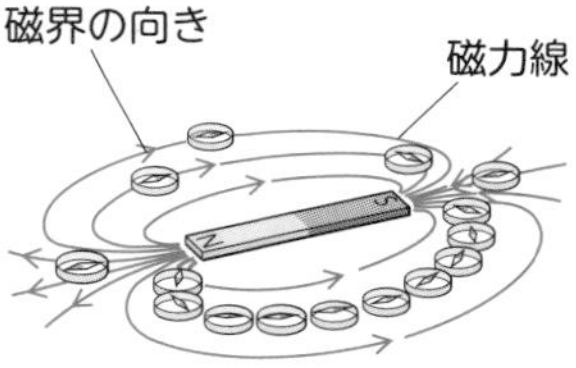

磁力の強いところでは磁力線の間隔《かんかく》がせまくなり，磁力の弱いところでは磁力線の間隔が広くなる。

□電流のまわりの磁界

・導線に電流を流すと，導線のまわりに同心円状の磁界ができる。

・右ねじの進む向きに電流を流すと，右ねじを回す向きが磁界の向きになる。電流の向きを逆にすると磁界の向きも逆になる。

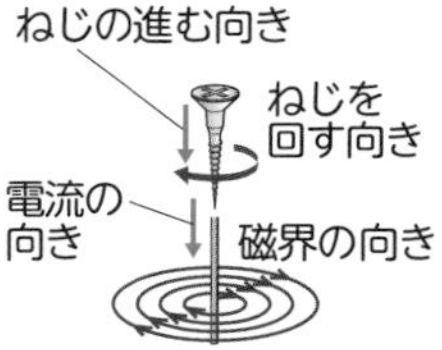

□コイルのまわりの磁界

・右手の4本の指を電流の向きに合わせてにぎったとき，突《つ》き出した親指の向きがコイルの中にできた磁界の向きになる。電流の向きを逆にすると，磁界の向きも逆になる。

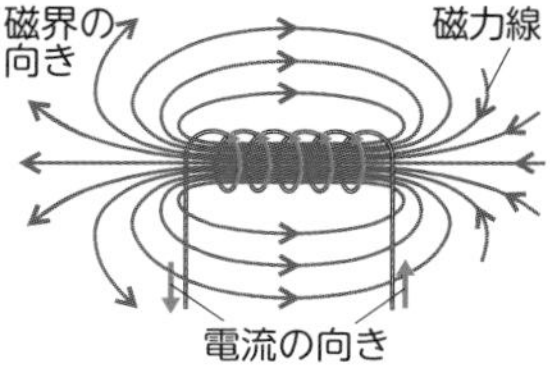

・コイルの巻数が多く，電流が大きいほど，磁界が強くなる。

❷ 電流が磁界から受ける力

□磁界の中に置いた導線に電流を流すと，電流は 磁界 から力を受け導線が動く。

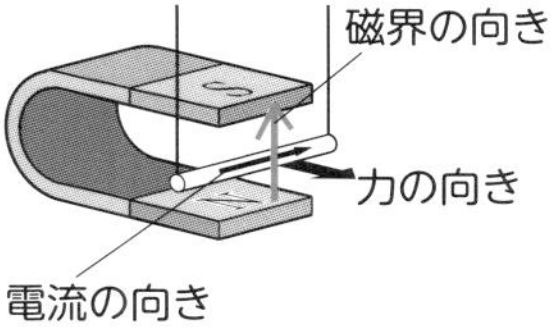

□電流を大きくしたり，磁界を強くしたりすると，受ける力は 大きく なる。

□電流の向きを逆にすると， 力 の向きは逆になる。

□磁界の向きを逆にすると， 力 の向きは逆になる。

💡モーターは，電流が磁界から受ける力を利用して，コイルが連続して回転するようにつくられた装置である。

❸ 電磁誘導

□ 電磁誘導《でんじゆうどう》 …磁石をコイルの中に出し入れしたとき，コイルの中の磁界が変化して電圧が生じ，電流が流れる現象。

□ 誘導電流《ゆうどうでんりゅう》 …電磁誘導によって発生する電流。

□コイルの巻数を多くする，磁石の磁力を強くする，磁石を速く動かすと，誘導電流は 大きく なる。

□磁石を動かす向きや，極を逆にすると，電流の向きは 逆 になる。

💡発電機は，電磁誘導を利用して電流を発生させる装置である。

❹ 直流と交流

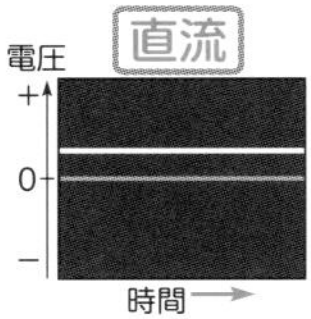

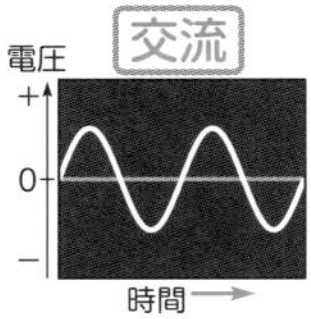

□ 直流《ちょくりゅう》 …乾電池《かんでんち》の電流のように，一定の向きに一定の大きさで流れる電流。

□ 交流《こうりゅう》 …コンセントの電流のように，流れる向きや大きさが周期的に変化する電流。

□ 周波数《しゅうはすう》 …交流で電流の向きが1秒間に変化する回数。単位は ヘルツ 〔Hz〕。

+α 元素の周期表

元素の周期表

原子番号	1
元素記号	H
元素名	水素

単体が非金属

単体が金属

くわしい性質がわからない

族/周期	1	2	3	4	5	6	7	8	9	10	11	12	13	14	15	16	17	18	族/周期
1	1 H 水素																	2 He ヘリウム	1
2	3 Li リチウム	4 Be ベリリウム											5 B ホウ素	6 C 炭素	7 N 窒素	8 O 酸素	9 F フッ素	10 Ne ネオン	2
3	11 Na ナトリウム	12 Mg マグネシウム											13 Al アルミニウム	14 Si ケイ素	15 P リン	16 S 硫黄	17 Cl 塩素	18 Ar アルゴン	3
4	19 K カリウム	20 Ca カルシウム	21 Sc スカンジウム	22 Ti チタン	23 V バナジウム	24 Cr クロム	25 Mn マンガン	26 Fe 鉄	27 Co コバルト	28 Ni ニッケル	29 Cu 銅	30 Zn 亜鉛	31 Ga ガリウム	32 Ge ゲルマニウム	33 As ヒ素	34 Se セレン	35 Br 臭素	36 Kr クリプトン	4
5	37 Rb ルビジウム	38 Sr ストロンチウム	39 Y イットリウム	40 Zr ジルコニウム	41 Nb ニオブ	42 Mo モリブデン	43 Tc テクネチウム	44 Ru ルテニウム	45 Rh ロジウム	46 Pd パラジウム	47 Ag 銀	48 Cd カドミウム	49 In インジウム	50 Sn スズ	51 Sb アンチモン	52 Te テルル	53 I ヨウ素	54 Xe キセノン	5
6	55 Cs セシウム	56 Ba バリウム	57~71 ランタノイド	72 Hf ハフニウム	73 Ta タンタル	74 W タングステン	75 Re レニウム	76 Os オスミウム	77 Ir イリジウム	78 Pt 白金	79 Au 金	80 Hg 水銀	81 Tl タリウム	82 Pb 鉛	83 Bi ビスマス	84 Po ポロニウム	85 At アスタチン	86 Rn ラドン	6
7	87 Fr フランシウム	88 Ra ラジウム	89~103 アクチノイド	104 Rf ラザホージウム	105 Db ドブニウム	106 Sg シーボーギウム	107 Bh ボーリウム	108 Hs ハッシウム	109 Mt マイトネリウム	110 Ds ダームスタチウム	111 Rg レントゲニウム	112 Cn コペルニシウム	113 Nh ニホニウム	114 Fl フレロビウム	115 Mc モスコビウム	116 Lv リバモリウム	117 Ts テネシン	118 Og オガネソン	7

57~71 ランタノイド	57 La ランタン	58 Ce セリウム	59 Pr プラセオジム	60 Nd ネオジム	61 Pm プロメチウム	62 Sm サマリウム	63 Eu ユウロピウム	64 Gd ガドリニウム	65 Tb テルビウム	66 Dy ジスプロシウム	67 Ho ホルミウム	68 Er エルビウム	69 Tm ツリウム	70 Yb イッテルビウム	71 Lu ルテチウム
89~103 アクチノイド	89 Ac アクチニウム	90 Th トリウム	91 Pa プロトアクチニウム	92 U ウラン	93 Np ネプツニウム	94 Pu プルトニウム	95 Am アメリシウム	96 Cm キュリウム	97 Bk バークリウム	98 Cf カリホルニウム	99 Es アインスタイニウム	100 Fm フェルミウム	101 Md メンデレビウム	102 No ノーベリウム	103 Lr ローレンシウム

社会

スマホで一問一答！

1 日本の地形と気候

❶ 世界の地形

□**造山帯(変動帯《へんどうたい》)**

…地震《じしん》の震源や火山が帯のように連なっている，高い山脈や島が多いところ。

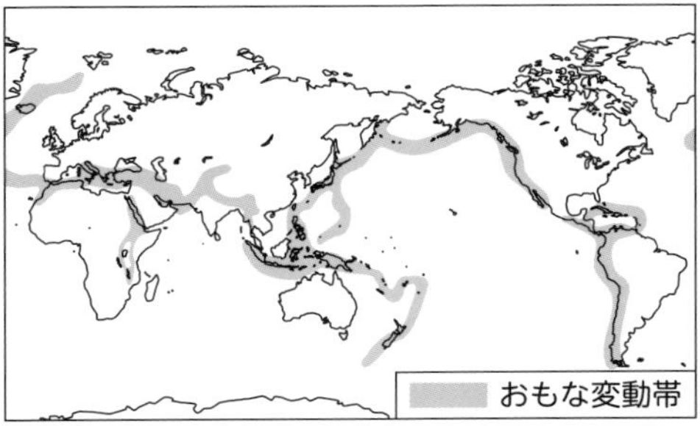

日本は環太平洋《かんたいへいよう》造山帯に属している。

❷ 日本の山地と川

□国土の約**4分の3**が山地と丘陵地《きゅうりょうち》で，火山が多い。

□**日本アルプス**…本州《ほんしゅう》の中央部に連なる3000m級の3つの山脈(飛騨《ひだ》山脈，木曽《きそ》山脈，赤石《あかいし》山脈)。

□本州の中央部を南北にのびる**フォッサマグナ**を境に，東西で地形のようすが大きく異なる。

□日本の川は，大陸の川と比べて流れが**急**で，流域面積が**せまい**。

❸ 日本の平地と川がつくった地形

□**扇状地《せんじょうち》**

川が山間部から流れ出たところに土砂がたまってできた

□**三角州《さんかくす》**

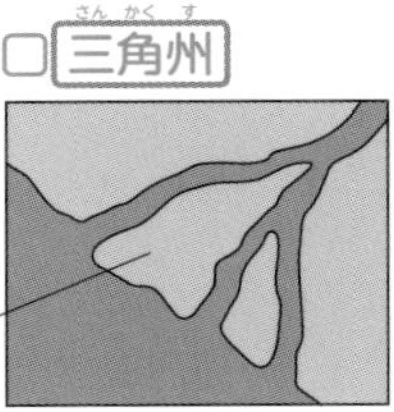
川が海などに流れこむところに細かい土砂が堆積《たいせき》した

□**リアス海岸**…入り江と岬《みさき》が複雑に入り組んでいる海岸。

❹ 日本のまわりの海と海流

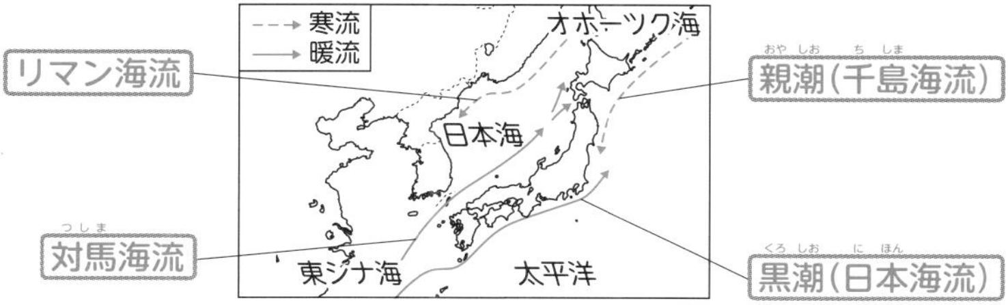

□日本の近海には，浅くて平らな**大陸棚**《たいりくだな》がみられ，太平洋側のその先には，深さ 8000m 以上の**海溝**《かいこう》がある。

❺ 日本の気候

北海道の気候	冬の寒さが厳しく，一年中降水量が少ない。
日本海側の気候	北西の季節風の影響《えいきょう》で，冬に降水量が多い。
太平洋側の気候	南東の季節風の影響で，夏に降水量が多い。
中央高地の気候	夏と冬の気温差が大きく，一年中降水量が少ない。
瀬戸内《せとうち》の気候	一年を通して晴れの日が多く，降水量が少ない。
南西諸島《なんせいしょとう》の気候	一年を通して温暖で，降水量が多い。

□日本の大部分は，四季がはっきりしている**温帯**《おんたい》に属する。

□降水量の多い６月～７月ごろの時期の**梅雨**《つゆ》や，夏から秋に発生する**台風**などが，日本に風水害をもたらすことがある。

❻ 日本の自然災害・防災や減災の取り組み

□**地震**…土砂くずれや地盤《じばん》の液状化などを起こす。また，震源が海底の場合は**津波**《つなみ》が起こることもある。

□**防災マップ(ハザードマップ)**…自然災害による被害《ひがい》の可能性や，災害発生時の避難《ひなん》場所などを示した地図。

2 日本の人口と産業

❶ 日本の人口

□日本では，1980 年ごろから少子高齢化《しょうしこうれい》が進み，2010 年以降は人口が減少している。

□現在(2019 年)の日本の人口は約 1 億 2600 万 人である。

□人口ピラミッド…性別，年齢《ねんれい》別に人口構成を表したグラフ。

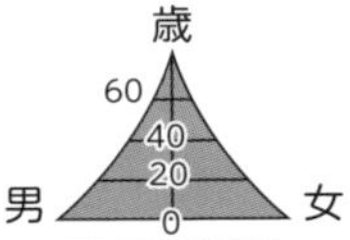

富士山型

出生率《しゅっしょうりつ》，死亡率がともに高い。

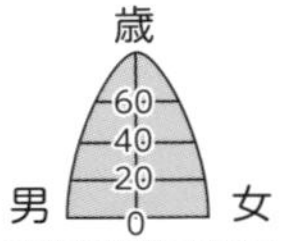

つりがね型

出生率，死亡率がともに低い。

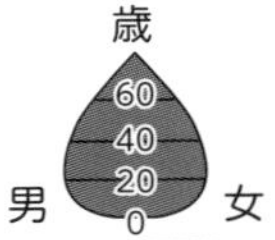

つぼ型

出生率，死亡率がともに低く，高齢化が進行。

❷ 過密と過疎

□過密《かみつ》地域…人口や産業が集中しすぎている地域。都市部にみられ，交通渋滞《じゅうたい》や住宅不足などが問題となっている。

□過疎《かそ》地域…人口が多く流出し，産業や社会の維持《いじ》が困難になっている地域。山間部や離島《りとう》などにみられる。町おこし(村おこし)で人口流出をくい止めようとしている。

❸ 日本の資源とエネルギー

□日本は，石油や石炭などの鉱産資源を輸入に頼《たよ》っている。

□火力発電は，地球温暖化の原因となる温室効果ガスの排出《はいしゅつ》が課題。ウランを原料とする原子力発電は，安全性に議論がある。

□近年は，風力や太陽光などの再生可能エネルギーの利用や資源のリサイクルが進められている。

❹ 日本の農業

稲作《いなさく》	平野部を中心に行われている。
近郊《きんこう》農業	都市の消費者向けに行われる農業。
促成栽培《そくせいさいばい》	農作物の出荷時期を早める栽培方法。
抑制《よくせい》栽培	農作物の出荷時期を遅《おく》らせる栽培方法。

❺ 日本の漁業

□養殖業《ようしょくぎょう》(養殖漁業《ようしょくぎょぎょう》)…魚介類《ぎょかいるい》をいけすなどで育ててからとる。

□栽培漁業…稚魚《ちぎょ》などを育ててから放流し，成長してからとる。

❻ 日本の工業

□おもな工業地帯・工業地域

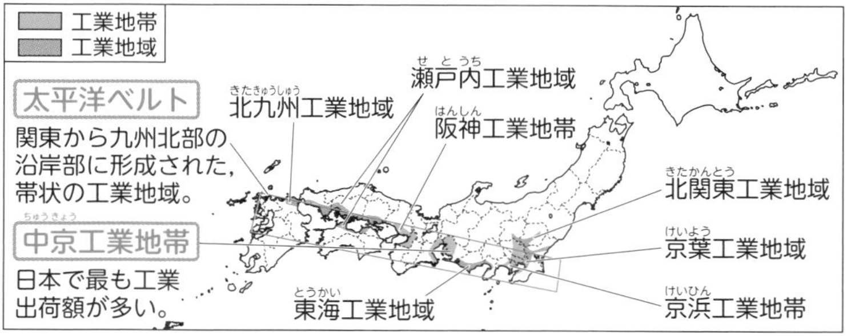

❼ 日本の産業構造の特色

□就業者の約７割が，サービス業などの第三次産業で働いている。

❽ 日本の交通・通信網

□高度経済成長以降，新幹線や高速道路の建設，空港の整備が進み，都市を結ぶ高速交通網《もう》が整備された。

高速通信網が全国で整備され，インターネットが普及《ふきゅう》した。

3 九州地方

❶ 地形

□おもな自然環境《かんきょう》

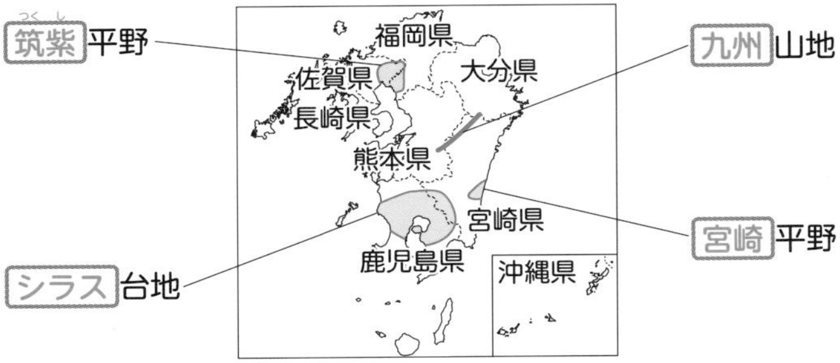

❷ 気候

□近海を，暖流の黒潮《くろしお》(日本《にほん》海流)や対馬《つしま》海流が流れており，冬でも温暖な気候。梅雨《つゆ》から秋にかけて降水量が多い。南西諸島《なんせいしょとう》は海水温が高く，さんご礁《しょう》が発達している。

❸ 都市と環境問題

□福岡《ふくおか》市…人口が最も多く，九州の政治と経済の中心地。

九州地方の人口は北部の都市に集中している。

□北九州《きたきゅうしゅう》市…大気汚染《おせん》と水質汚濁《おだく》が深刻だったが，廃棄物《はいきぶつ》処理や省エネルギー技術の開発に取り組む。

□水俣《みなまた》市…かつて，四大公害病の一つである水俣病が発生した。その後，資源のリサイクルや廃棄物の発生抑制《よくせい》などに取り組んでいる。

北九州市と水俣市は，ともにエコタウンや環境モデル都市に選定されている。

④ 農業

□おもな農業

筑紫平野	稲作《いなさく》がさかん。二毛作も行われている。
シラス台地	畑作や畜産《ちくさん》がさかん。
宮崎平野	野菜の促成栽培《そくせいさいばい》が行われている。
南西諸島	さとうきびやパイナップルの生産がさかん。

⑤ 工業

□工業の発展と変化

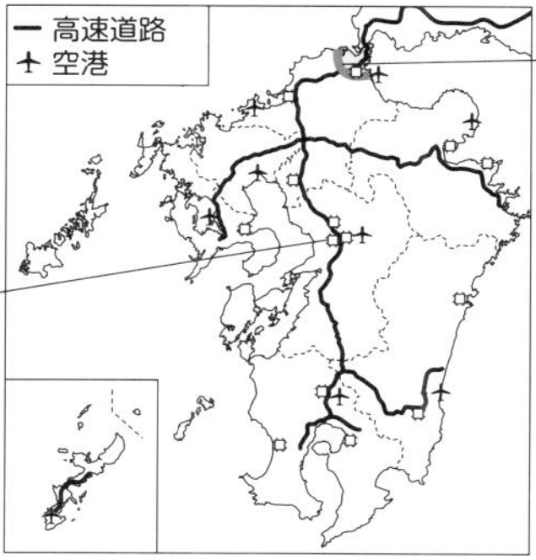

北九州工業地域

かつて鉄鋼業を中心に栄えた。

IC(集積回路)工場

近年高速道路周辺に急増。

近年，金属工業から機械工業への転換《てんかん》が図られている。

⑥ 自然環境の利用

□火山が多い九州地方には，温泉が多く，大分《おおいた》県の別府《べっぷ》や湯布院《ゆふいん》などの温泉地は外国人観光客にも人気がある。

□九州地方には，大分県の八丁原《はっちょうばる》発電所など多くの地熱発電所があり，高温の蒸気や熱水を利用した発電が行われている。

□沖縄《おきなわ》県では，温暖な気候やさんご礁などの美しい自然をいかした観光業がさかんである。

4 中国・四国地方

❶ 地形

□おもな自然環境《かんきょう》と３つの地域

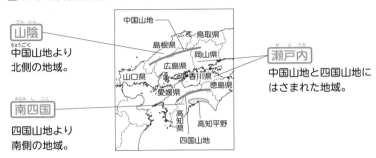

山陰《さんいん》
中国《ちゅうごく》山地より北側の地域。

瀬戸内《せとうち》
中国山地と四国山地にはさまれた地域。

南四国《みなみしこく》
四国山地より南側の地域。

❷ 気候

□山陰…**冬**は季節風の影響《えいきょう》で降水量が多い。

□瀬戸内…**中国**山地に冬の季節風が，**四国**山地に夏の季節風がさえぎられるため，１年中降水量が少ない。

□南四国…**夏**は季節風の影響で降水量が多い。

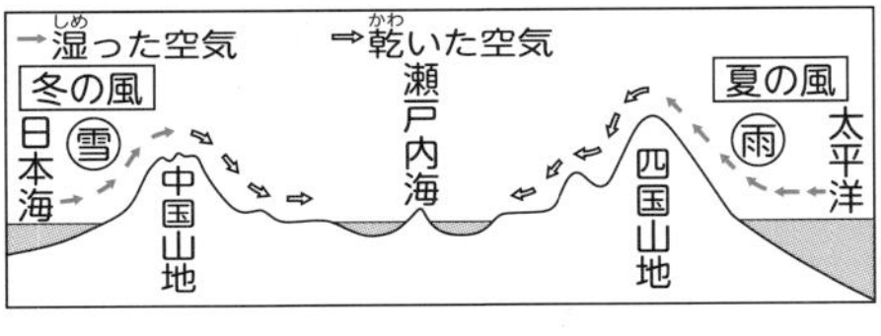

❸ 都市

□**広島《ひろしま》**市…中国・四国地方最大の都市で，政令指定都市《せいれいしていとし》に指定されている。世界遺産《いさん》の**原爆《げんばく》ドーム**がある。

広島市は，札幌《さっぽろ》市(北海道《ほっかいどう》)，仙台《せんだい》市(宮城《みやぎ》県)，福岡《ふくおか》市などとともに，各地方の中心となる地方中枢都市《ちほうちゅうすうとし》である。

❹ 農業と水産業

□冬でも温暖な高知平野で，野菜の**促成栽培《そくせいさいばい》**がさかん。

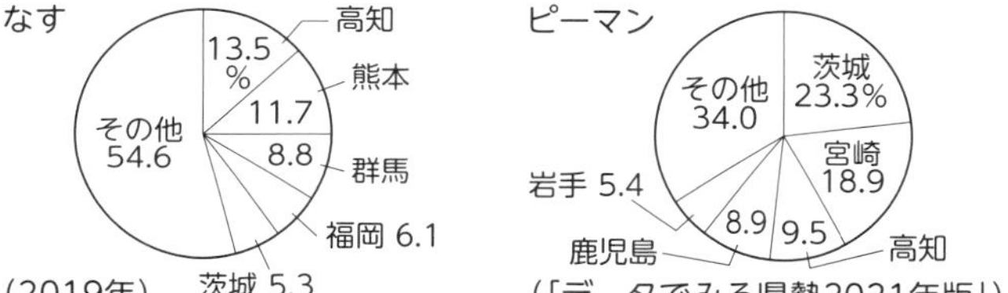

(2019年)　(「データでみる県勢2021年版」)

□愛媛《えひめ》県では，日当たりのよい斜面《しゃめん》の段々畑で**みかん**を生産。

□瀬戸内海《せとないかい》…広島湾《わん》のかきなどの魚介《ぎょかい》類の**養殖《ようしょく》**がさかん。

❺ 工業

□瀬戸内海沿岸には，石油化学工業がさかんな**瀬戸内工業地域**が広がる。

□石油化学工業関連の工場が集まる大規模な**石油化学コンビナート**がある。

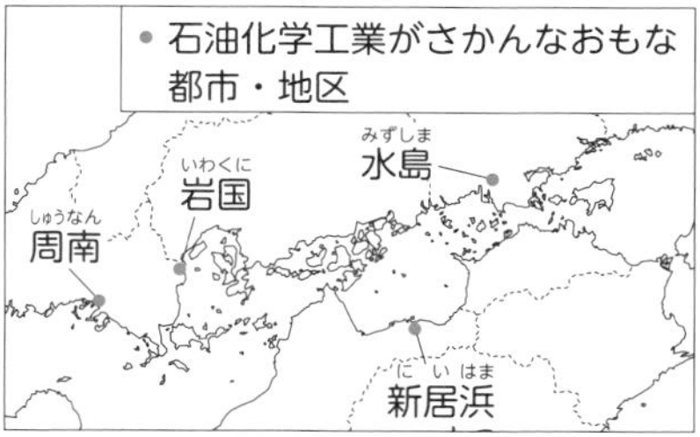

❻ 交通

□本州四国連絡橋《れんらくきょう》

□山間部や瀬戸内海の離島《りとう》で，人口が流出する**過疎《かそ》**化が進む。

5 近畿地方

① 地形

□おもな自然環境《かんきょう》

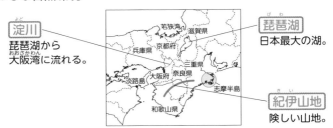

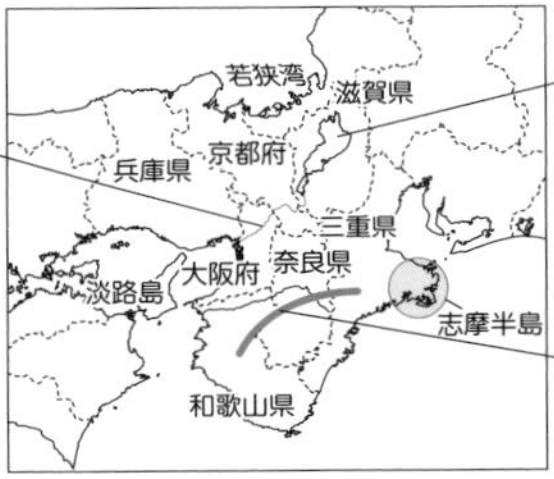

淀《よど》川
琵琶湖から大阪湾《おおさかわん》に流れる。

琵琶《びわ》湖
日本最大の湖。

紀伊《きい》山地
険しい山地。

□若狭《わかさ》湾や志摩《しま》半島には，海岸線が複雑な リアス海岸 がみられる。

② 気候

□北部…北西の季節風の影響《えいきょう》で 冬 は降水量が多い。

□中央部…内陸部の 盆地《ぼんち》 では夏と冬の気温差が大きい。北部や南部に比べ降水量が少ない。

□南部…南東の季節風の影響で 夏 は降水量が多い。暖流の 黒潮《くろしお》(日本《にほん》海流) の影響で冬でも温暖。

南部では，年間の降水量が 3000mm をこえる地域もある。

③ 都市

□ 大阪《おおさか》大都市圏《けん》 …大阪市を中心とする都市圏で，神戸《こうべ》市(兵庫《ひょうご》県)，京都《きょうと》市などに広がっている。

□大阪市…商業の中心地として発展し，「 天下の台所 」とよばれてきた。問屋街が形成され， 卸売《おろしうり》業 がさかん。

□京都市や奈良《なら》市…古くから都が置かれた古都。寺院や神社など多くの 文化財 が残る。

❹ 農業と水産業

□和歌山《わかやま》県…温暖な気候をいかし，みかんや梅，かきなどの果物の生産がさかん。

大都市周辺では，野菜などをつくる近郊《きんこう》農業が行われている。

□紀伊山地…「吉野《よしの》すぎ」や「尾鷲《おわせ》ひのき」など，質のよい木がよく育ち，古くから林業がさかん。

□志摩半島…英虞《あご》湾などで，真珠《しんじゅ》やのりの養殖《ようしょく》がさかん。

❺ 工業

□大阪府と兵庫県を中心に阪神工業地帯が広がる。

□内陸部の東大阪《ひがしおおさか》市などには，高い技術や独自の技術をもった中小企業《きぎょう》の工場が多く集まっている。

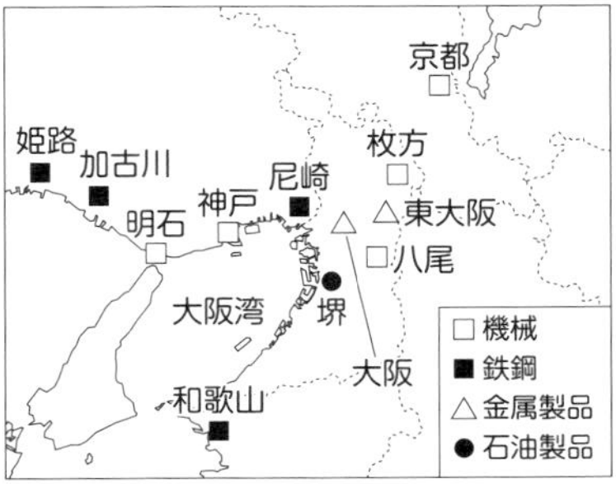

❻ 開発と課題

□1960 年代以降，大都市の郊外《こうがい》には，都市部の住宅不足を解消するためにニュータウンがつくられた。

→建物の老朽《ろうきゅう》化や住民の高齢《こうれい》化などの問題が発生。

□梅田《うめだ》(大阪市)などのターミナル駅の周辺で再開発が進行。

→新たに商業用の高層ビルなどが多く建設。

歴史的な建造物が多く残る京都市では，建物の高さやデザインなどを条例《じょうれい》で制限し，歴史的な景観を守っている。

6 中部地方

❶ 地形

□おもな自然環境《かんきょう》と３つの地域

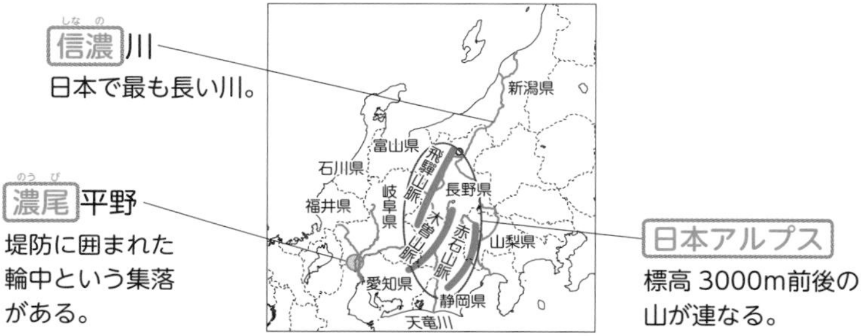

□中部《ちゅうぶ》地方は，日本海《にほんかい》側の北陸《ほくりく》，中央部の中央高地，太平洋《たいへいよう》側の東海《とうかい》の３つの地域に分けられる。

❷ 気候

□北陸…冬は雪や雨の日が多く，世界有数の豪雪《ごうせつ》地帯である。

□中央高地…夏は，盆地《ぼんち》では気温が上がるが，標高の高い高原はすずしく，過ごしやすい。

□東海…夏に降水量が多い。冬でも温暖である。

❸ 都市

□名古屋《なごや》大都市圏《けん》…名古屋市(愛知《あいち》県)を中心とする都市圏で，岐《ぎ》阜《ふ》県，三重《みえ》県などに広がっている。

東京《とうきょう》大都市圏，大阪《おおさか》大都市圏についで，日本で３番目に人口が多い。

❹ 農業

□3つの地域の特徴《とくちょう》

北陸	稲作《いなさく》がさかん。出荷時期が早い早場米《はやばまい》の産地。
中央高地	盆地では果物の生産がさかん。 夏でもすずしい気候をいかし，レタスやキャベツなどの高原野菜の生産がさかん。
東海	温室などを利用して野菜などを生産する施設《しせつ》園芸農業がさかん。茶やみかんの生産もさかん。

❺ 東海の工業

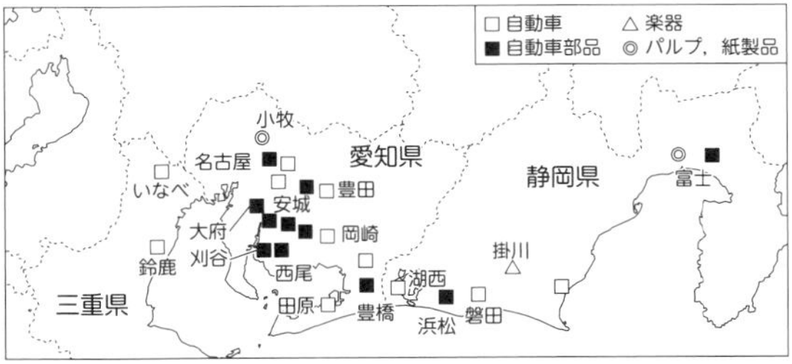

□中京《ちゅうきょう》工業地帯…愛知県を中心とする工業地帯。

→豊田《とよた》市(愛知県)周辺は世界的な自動車生産地域。

□東海工業地域…静岡《しずおか》県の太平洋岸に広がる工業地域。

→楽器やオートバイ，パルプや紙製品などの生産がさかん。

❻ 北陸，中央高地の工業

□北陸…農家の冬の副業から，さまざまな伝統産業や地場産業が発達し，現在でもさかん。

□中央高地…時計やカメラなどの精密機械工業が発達。現在は，コンピューター関連の電子産業もさかん。

7 関東地方

❶ 地形

□おもな自然環境《かんきょう》

関東《かんとう》平野
日本最大の平野。

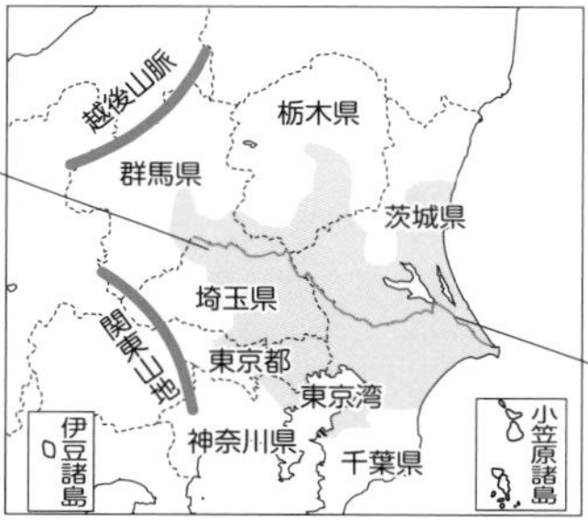

利根《とね》川
日本最大の流域面積。

□関東平野は，関東ロームとよばれる，赤色の火山灰土におおわれている。

❷ 気候

□内陸部…冬にからっ風とよばれる冷たく乾《かわ》いた北西風がふく。

□沿岸部…黒潮《くろしお》(日本《にほん》海流)の影響《えいきょう》で，冬でも温暖な気候。

□ヒートアイランド現象…東京《とうきょう》などの大都市でみられる，郊外《こうがい》よりも都市部の気温が高くなる現象。

❸ 都市

□日本の首都である東京…国の機関や大企業《だいきぎょう》の本社などが集中。

□東京の都心部では，夜間人口より昼間人口の方が多い。
→多くの人が郊外から都心部へ通勤，通学をしているため。

□東京大都市圏《けん》…東京，神奈川《かながわ》，埼玉《さいたま》，千葉《ちば》の４都県に広がる都市圏で，日本で最も人口が集中している。

❹ 農業

□関東平野の畑作地帯…都市部の大消費地に野菜などを出荷する近郊農業《きんこう》がさかん。

□群馬《ぐんま》県などの山間部…夏でもすずしい気候を利用し，キャベツやレタスなどの高原野菜の生産がさかん。

▼キャベツの生産量

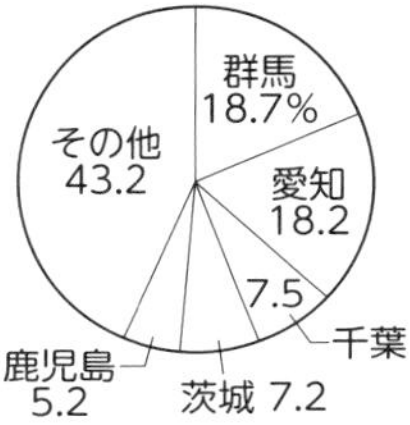

(2019年)(「データでみる県勢2021年版」)

❺ 工業

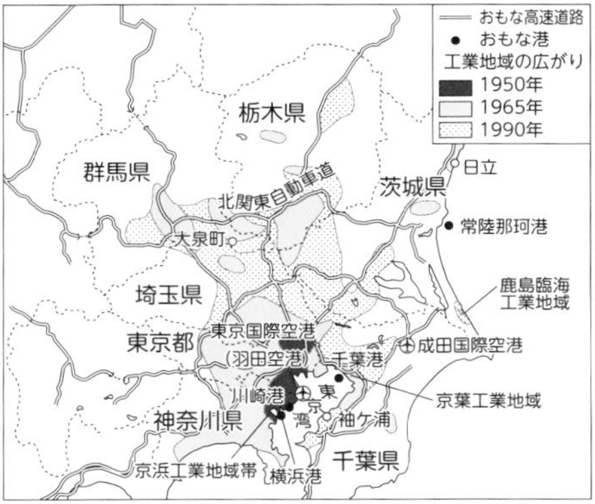

□東京湾《わん》の臨海部…京浜《けいひん》工業地帯や京葉《けいよう》工業地域が広がる。

→機械工業，鉄鋼業，石油化学工業などがさかん。

東京都の都心部では，印刷・出版業や情報通信産業がさかん。

□内陸部…高速道路網《もう》の整備とともに，機械工業や食品加工の工場が多く進出し，北関東工業地域が形成された。

❻ 世界との結びつき

□成田《なりた》国際空港…日本の空の玄関《げんかん》口で，日本最大の貿易港。

□東京湾沿岸…東京港，横浜《よこはま》港など，日本有数の貿易港がある。

8 東北地方

❶ 地形

□おもな自然環境《かんきょう》

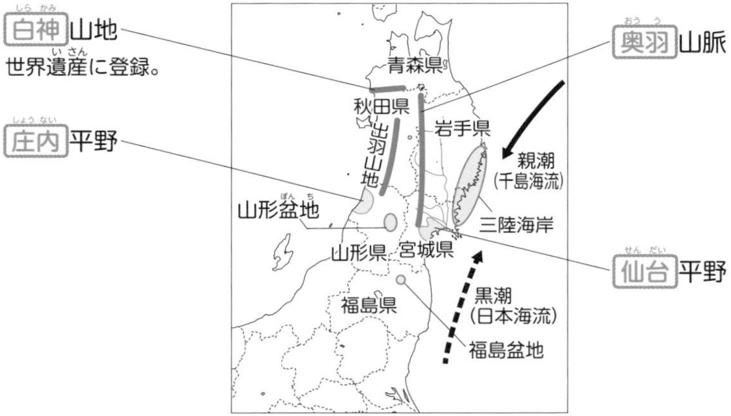

□三陸《さんりく》海岸には，海岸線の複雑なリアス海岸が発達している。

❷ 気候

□日本海《にほんかい》側…夏は気温が高く，晴天の日が続く。冬は北西の季節風と対馬《つしま》海流の影響《えいきょう》で雪や雨が多い。

□太平洋側…夏にやませとよばれる冷たく湿《しめ》った北東の風がふくと，冷害《れいがい》が発生することがある。

❸ 東日本大震災

□2011 年 3 月 11 日に東北地方太平洋沖地震《とうほくちほうたいへいようおきじしん》が起こった。

→これにともなって発生した津波《つなみ》により，太平洋沿岸地域は大きな被害《ひがい》を受けた。この災害を東日本大震災《ひがしにほんだいしんさい》という。

❹ 農業

□秋田《あきた》平野，庄内平野(山形県)などでは，米の生産がさかん。

□津軽《つがる》平野(青森県)では，りんごの生産がさかん。

□山形盆地，福島盆地などでは，果物の生産がさかん。

▼米やおもな果実の生産量

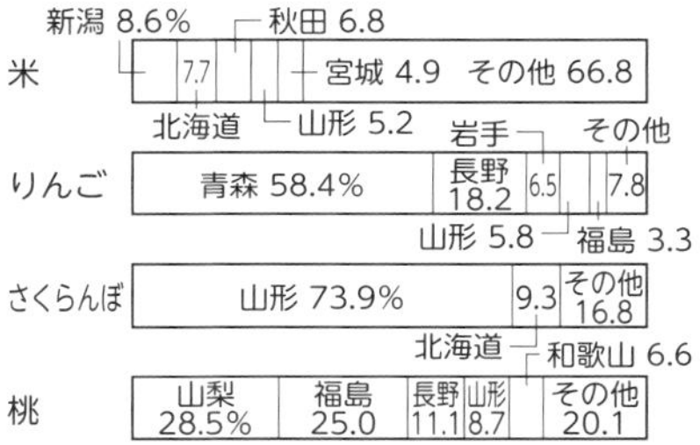

(米は2020年，その他は2019年)
(「日本国勢図会2021/22年版」)

❺ 漁業

□三陸海岸の沖…暖流の黒潮《くろしお》(日本海流)と寒流の親潮《おやしお》(千島《ちしま》海流)が出合う潮境《しおざかい》(潮目《しおめ》)がある。

→さまざまな種類の魚が集まる好漁場となっている。

□三陸海岸…こんぶやわかめ，かきなどの養殖《ようしょく》がさかん。

❻ 工業の発展

□東北地方では，農家の冬の副業から伝統産業や地場産業が生まれた。

→多くの製品が国から伝統的工芸品の指定を受けている。

□高速道路網《もう》の整備にともない，半導体などをつくる工場が集まった工業団地が各地につくられた。

❼ 伝統行事

□東北地方には，地域の自然や生活と深く結びついた伝統行事が多く残っている。

仙台七夕《たなばた》まつり(宮城《みやぎ》県)，秋田竿燈《かんとう》まつり，青森ねぶた祭《まつり》を東北三大祭りという。

9 北海道地方

① 地形

□おもな自然環境《かんきょう》

□北東には，択捉《えとろふ》島など北方領土《ほっぽうりょうど》の島々がある。

② 気候

□北海道《ほっかいどう》は冷帯《れいたい》(亜寒帯《あかんたい》)に属し，梅雨《つゆ》の影響《えいきょう》がほとんどない。

→短い夏はすずしく過ごしやすいが，長い冬は寒さが厳しい。

□太平洋《たいへいよう》側では，夏の南東の季節風が親潮《おやしお》(千島《ちしま》海流)の影響で冷やされ，濃霧《のうむ》が発生することがある。

□オホーツク海の沿岸では，冬になると流氷がおし寄せる。

③ 北海道の開拓

□古くから，先住民族であるアイヌの人たちがくらしてきた。

→明治《めいじ》時代に国が開拓使《かいたくし》を設置し，開発が進められた。

北海道の地名にはアイヌ語に由来するものが多い。

□札幌《さっぽろ》市…人口の約3分の1が集中する，北海道最大の都市。

❹ 農業

□３つの平野と農業の特徴《とくちょう》

石狩平野	泥炭地《でいたんち》を客土《きゃくど》で改良した，日本有数の稲作《いなさく》地帯。
十勝平野	畑作がさかん。種類のちがう作物を順番につくる輪作が行われている。
根釧台地	乳牛を飼育し，生乳や乳製品を生産する酪農《らくのう》がさかん。（十勝平野でもさかん。）

▼小麦・てんさい・じゃがいもの生産量

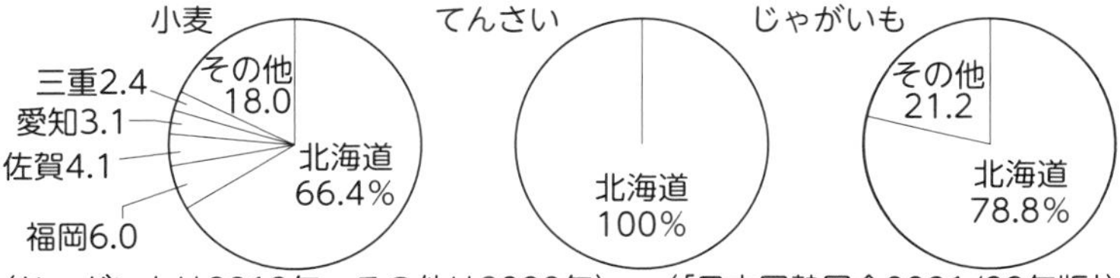

（じゃがいもは2019年，その他は2020年）　（「日本国勢図会2021/22年版」）

北海道は，他の都府県よりも農家一戸あたりの耕地面積が広大なため，大規模な農業が行われている。

❺ 漁業

□北海道の周辺はよい漁場にめぐまれており，都道府県別の漁獲《ぎょかく》量では全国 1 位である（2018 年）。

□1970 年代以前に比べると漁獲量は減少。

→ほたて貝やこんぶなどの養殖《ようしょく》がさかん。

北海道では，農産物や水産物を加工する食料品工業がさかん。

❻ 観光

□豊かな自然や，冬の雪や流氷などをいかした観光業がさかん。

→自然のしくみを体験学習するエコツーリズムが広がる。

10 室町時代

❶ 中世ヨーロッパとイスラム社会

□ヨーロッパでカトリック教会の**ローマ教皇**が権威《けんい》をもった。

□11 世紀末に，イスラム勢力下にあった聖地エルサレムを奪還《だっかん》するため，ヨーロッパ諸国の王が**十字軍**の遠征《えんせい》を行った。

❷ ルネサンスと宗教改革

□**ルネサンス**(文芸復興)…14 ~ 16 世紀に起こった，古代ギリシャやローマの文化を学び直そうとする動き。

□**宗教改革**…カトリック教会の腐敗《ふはい》を正そうとする運動。1517 年にドイツの**ルター**が始めた。

□宗教改革を支持する人々は**プロテスタント**とよばれた。カトリック教会内部でも，**イエズス会**などが立て直しを行った。

❸ 新航路の開拓

□スペインやポルトガルが，**香辛料《こうしんりょう》**などのアジアの産物を直接手に入れようとして新航路を開拓《かいたく》した。

□新航路の開拓者

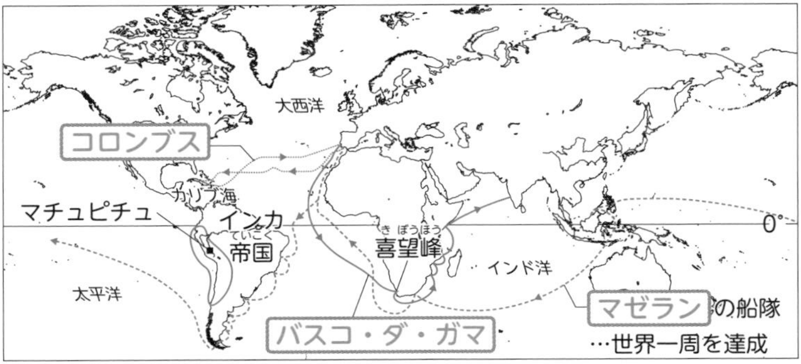

④ 鉄砲とキリスト教の伝来

□鉄砲《てっぽう》とキリスト教

鉄砲	キリスト教
・1543 年伝来。 ・鹿児島《かごしま》県の種子島《たねがしま》に流れ着いた中国《ちゅうごく》船に乗っていたポルトガル人が伝えた。	・1549 年伝来。 ・イエズス会の宣教師フランシスコ・ザビエルが，鹿児島に上陸し，伝えた。

鉄砲は，堺《さかい》(大阪《おおさか》府)や国友《くにとも》(滋賀《しが》県)でさかんに生産された。

⑤ 南蛮貿易とキリシタン大名

□南蛮《なんばん》貿易…16 世紀後半に，日本がポルトガル人やスペイン人との間で行った貿易。平戸《ひらど》(長崎《ながさき》県)，長崎などで行われた。

ポルトガル人やスペイン人は，南蛮人とよばれていた。

□南蛮貿易のおもな貿易品

日本の輸入品	日本の輸出品
中国産の生糸や絹織物，毛織物，時計，ガラス製品など。	銀，漆器《しっき》，硫黄《いおう》など。

□南蛮貿易を通じて，天文学や医学，活版印刷術などのヨーロッパの学問や技術が伝わった。

□キリシタン大名…南蛮貿易で利益を得ることなどを目的に，キリスト教の信者となった大名。

□天正遣欧《てんしょうけんおう》使節…九州のキリシタン大名らが，1582 年にローマ教皇のもとへ派遣《はけん》した使節。

→帰国したときには，キリスト教の布教は禁止されていた。

11 安土桃山時代

❶ 織田信長の統一事業

□**織田信長**《おだのぶなが》…尾張《おわり》(愛知《あいち》県)の戦国大名。

年代	おもなできごと
1560	**桶狭間**《おけはざま》**の戦い**で今川義元《いまがわよしもと》に勝利する。
1573	足利義昭《あしかがよしあき》を京都《きょうと》から追放し，**室町幕府**《むろまちばくふ》をほろぼす。
1575	**長篠**《ながしの》**の戦い**で武田勝頼《たけだかつより》に勝利する。
1576	琵琶《びわ》湖の東岸に**安土**《あづち》**城**を築く。
	→城下町では，市の税を免除《めんじょ》し，座の特権を廃止《はいし》する**楽市**《らくいち》**・楽座**《らくざ》を行った。
1582	家来の**明智光秀**《あけちみつひで》にそむかれ，**本能寺**《ほんのうじ》で自害する。

□織田信長は，敵対する仏教勢力に対抗《たいこう》するため，**キリスト教**の布教を許可し，宣教師を保護した。

❷ 豊臣秀吉の統一事業

□**豊臣秀吉**《とよとみひでよし》…信長の家来。明智光秀を倒《たお》し，信長の後継《こうけい》者になった。

年代	おもなできごと
1582	ものさしやますを統一し，**太閤検地**《たいこうけんち》を開始する。
	→全国の田畑の面積や土地のよしあし，耕作者を記録し，収穫《しゅうかく》量を**石高**《こくだか》で表した。
1583	**大阪**《おおさか》**城**を築き，全国統一の根拠《こんきょ》地とする。
1585	朝廷《ちょうてい》から**関白**《かんぱく》に任命される。
1588	一揆《いっき》を防ぐため，武器を取り上げる**刀狩**《かたながり》を行う。
1590	関東《かんとう》の北条《ほうじょう》氏をほろぼし，全国統一を達成する。

□太閤検地と刀狩により兵農分離《へいのうぶんり》が進み，武士と農民の区別がはっきりした。

□豊臣秀吉は 1587 年に宣教師を追放し，キリスト教の布教を禁止した。(南蛮《なんばん》貿易は許可したので禁教は不徹底《ふてってい》であった。)

□豊臣秀吉は明《みん》を征服《せいふく》しようと考え，２度にわたり朝鮮《ちょうせん》に出兵したが，２度とも失敗し，政権の弱体化を招いた。

③ 桃山文化と南蛮文化

□桃山《ももやま》文化…大名や大商人の気風を反映した，豪華《ごうか》で雄大《ゆうだい》な文化。

建築	安土城や大阪城など，高くそびえる天守《てんしゅ》をもつ， 壮大《そうだい》な城がつくられた。
絵画	狩野永徳《かのうえいとく》らがあざやかな襖《ふすま》絵や屏風《びょうぶ》絵を描《えが》いた。
芸能	千利休《せんのりきゅう》が茶の湯を発展させ，わび茶を完成させた。 出雲《いずも》の阿国《おくに》がかぶきおどりを始めた。

□南蛮文化…南蛮貿易によって伝わった，ヨーロッパの学問や技術の影響《えいきょう》を受けて広まった文化。パン，カステラ，天文学，医学，航海術，活版印刷術などが伝えられた。

12 江戸時代①

❶ 江戸幕府の成立と幕藩体制

□徳川家康《とくがわいえやす》…1600年の関ヶ原《せきがはら》の戦いに勝利。1603年に征夷大《せいいたい》将軍《しょうぐん》に任じられ，江戸幕府《えどばくふ》を開いた。

□幕藩《ばくはん》体制…幕府と藩が全国の土地と人民を支配するしくみ。

□武家諸法度《ぶけしょはっと》…幕府が定めた，大名を統制するためのきまり。

□3代将軍徳川家光《いえみつ》は，大名を1年おきに江戸《えど》と領国に住まわせる参勤交代《さんきんこうたい》を制度化した。

▼江戸幕府のしくみ

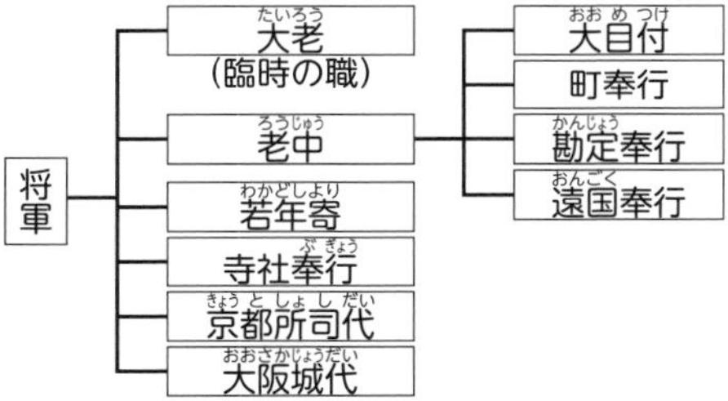

❷ さまざまな身分とくらし

□江戸時代の身分構成

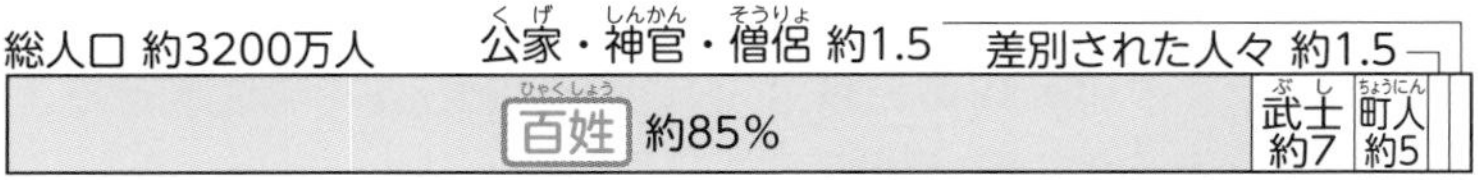

(関山直太郎「近世日本の人口構造」)

□五人組…年貢《ねんぐ》納入や犯罪の防止に連帯責任を負わせた制度。

❸ キリスト教の禁止と鎖国

□17世紀初め，徳川家康によって朱印船《しゅいんせん》貿易がさかんになり，東南アジア各地に日本町《にほんまち》ができた。

□鎖国《さこく》までの流れ

年代	おもなできごと
1613	幕府が全国でキリスト教を禁止する命令を出す。
1637	九州《きゅうしゅう》で天草四郎《あまくさしろう》を大将に島原《しまばら》・天草一揆《あまくさいっき》が起こる。
1639	ポルトガル船の来航を禁止する。
1641	オランダ商館を長崎《ながさき》の出島《でじま》に移し，鎖国体制が固まる。

□鎖国下の外交と貿易

オランダと清《しん》	長崎で貿易。貿易は幕府が独占《どくせん》した。
朝鮮《ちょうせん》	対馬《つしま》藩の仲介《ちゅうかい》で国交が回復。対馬藩が貿易。 将軍の代がわりごとに朝鮮通信使《ちょうせんつうしんし》が来日。
琉球《りゅうきゅう》王国	薩摩《さつま》藩が支配。琉球を通じて清と貿易。
蝦夷《えぞ》地	松前《まつまえ》藩がアイヌの人々と交易。

❹ 農業の発達

□幕府や藩は新田の開発を進め，18 世紀の初めには，16 世紀の末に比べ，耕地面積は約 2 倍に増えた。

□木綿など，売ることを目的とした商品作物の栽培《さいばい》が広まった。

❺ 交通の発達

□江戸を中心に，東海道《とうかいどう》などの五街道《ごかいどう》が整備された。

□東北《とうほく》地方や北陸《ほくりく》地方の米を，船で大阪や江戸に運ぶため，東廻《ひがしまわ》り航路や西廻《にしまわ》り航路が整備された。

❻ 三都の発展

□江戸…「将軍のおひざもと」とよばれ，約 100 万人の大都市になった。

□大阪…「天下の台所」とよばれ，諸藩が蔵屋敷《くらやしき》を置いた。

□京都…古くからの都で，学問や文化の中心地となった。

13 江戸時代②

❶ 政治の安定

□徳川綱吉《とくがわつなよし》…５代将軍。身分秩序《ちつじょ》を重視する朱子学《しゅしがく》を奨励《しょうれい》。幕《ばく》府《ふ》の財政立て直しのため貨幣《かへい》の質を落とすが，物価の上昇《じょうしょう》を招いた。

□新井白石《あらいはくせき》…６代，７代将軍に仕えた朱子学者。貨幣の質を元にもどし，長崎《ながさき》貿易を制限した(正徳《しょうとく》の治《ち》)。

❷ 元禄文化

□元禄《げんろく》文化…17 世紀末から上方《かみがた》(大阪《おおさか》と京都《きょうと》)を中心に栄えた，町人を担い手とする文化。

□元禄文化のおもな内容

文学 芸能	井原西鶴《いはらさいかく》…町人の生活を浮世草子《うきよぞうし》(小説)に書いた。 近松門左衛門《ちかまつもんざえもん》…歌舞伎《かぶき》や人形浄瑠璃《じょうるり》の脚本《きゃくほん》を書いた。 松尾芭蕉《まつおばしょう》…俳諧《はいかい》(俳句)に新しい作風を生み出した。
美術	尾形光琳《おがたこうりん》…装飾画《そうしょくが》を描《えが》いた。 菱川師宣《ひしかわもろのぶ》…浮世絵《うきよえ》の祖。

❸ 享保の改革

□享保《きょうほう》の改革…８代将軍徳川吉宗《よしむね》が行った政治改革。

□享保の改革のおもな内容

公事方御定書《くじかたおさだめがき》	裁判の基準となる法律。
目安箱《めやすばこ》	人々の意見を聞いた。
上《あ》げ米《まい》の制	大名に対し，参勤交代《さんきんこうたい》で江戸《えど》に滞在《たいざい》する期間を半減するかわりに，米を献上《けんじょう》させた。

❹ 工業や農村の変化

□問屋《といや》制家内工業…問屋が農民に機械やお金を貸し，つくった製品を買い取るしくみ。

□工場制手工業（マニュファクチュア）…大商人や大地主が，工場をつくって人をやとい，分業で製品をつくるしくみ。

□農村では，土地を手放して小作人《こさくにん》となる者が出る一方で，土地を買い集めて地主となる者も現れ，貧富の差が拡大した。

□百姓一揆《ひゃくしょういっき》…年貢《ねんぐ》の軽減などを求めて起こった。

□打ちこわし…米を買い占《し》めた商人に対して起こった。

❺ 田沼意次の政治と寛政の改革

□田沼意次《たぬまおきつぐ》…18世紀後半の老中《ろうじゅう》。商工業を発展させ，幕府の財政を立て直そうとした。

□田沼意次の政治のおもな内容

株仲間の奨励	営業税を納めさせるかわりに，特権をあたえた。
長崎貿易の活発化	銅を専売制にし，俵物《たわらもの》の輸出を増加。

□松平定信《まつだいらさだのぶ》…田沼の後に老中となり，寛政《かんせい》の改革を行った。

□寛政の改革のおもな内容

農村の立て直し	江戸に出かせぎに来ていた農民を村へ帰した。ききんに備え，農村に米をたくわえさせた。
武士の救済	旗本《はたもと》・御家人《ごけにん》の借金を帳消しにする一方で，厳しい倹約《けんやく》令を出した。
思想の統制	幕府の学問所で，朱子学以外の講義を禁止した。

14 江戸時代③

❶ 化政文化

□化政文化《かせい》…19 世紀初め，江戸《えど》を中心に栄えた町人の文化。

□化政文化のおもな内容

文学	小説…十返舎一九《じっぺんしゃいっく》の「東海道中膝栗毛《とうかいどうちゅうひざくりげ》」など。 俳諧《はいかい》(俳句)…与謝蕪村《よさぶそん》や小林一茶《こばやしいっさ》らが活躍《かつやく》。 世の中を皮肉る川柳《せんりゅう》・狂歌《きょうか》が流行。
美術	多色刷りの木版画である錦絵《にしきえ》が流行。 美人画…喜多川歌麿《きたがわうたまろ》の「ポッピンを吹《ふ》く女」など。 風景画…葛飾北斎《かつしかほくさい》の「富嶽三十六景《ふがくさんじゅうろっけい》」，歌川広重《うたがわひろしげ》の「東海道五十三次《とうかいどうごじゅうさんつぎ》」など。

▶「東海道五十三次」

❷ 新しい学問と教育の広がり

□新しい学問

国学《こくがく》	・日本古来の考え方を明らかにしようとする学問。 ・「古事記伝《こじきでん》」を著《あらわ》した本居宣長《もとおりのりなが》が大成。
蘭学《らんがく》	・オランダ語でヨーロッパの技術などを学ぶ学問。 ・前野良沢《まえのりょうたく》や杉田玄白《すぎたげんぱく》らは，「解体新書《かいたいしんしょ》」を出版。 ・伊能忠敬《いのうただたか》は，正確な日本地図をつくった。

□諸藩《しょはん》には藩校《はんこう》がつくられ，武士の子弟が学問や武芸を学んだ。

□庶民《しょみん》は寺子屋《てらこや》で，読み・書き・そろばんなどを学んだ。

❸ 外国船の接近と大塩の乱

□外国船の来航

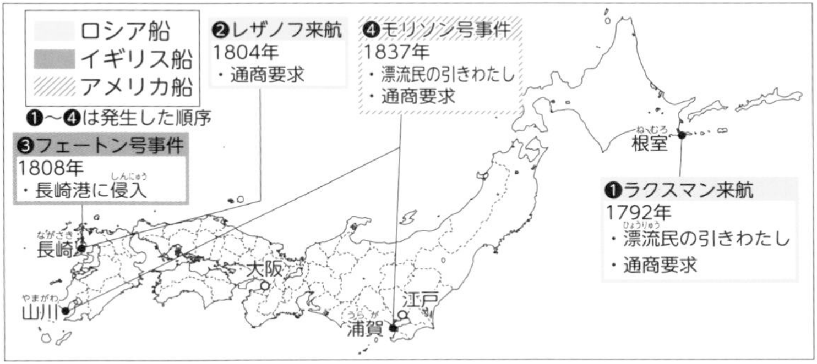

□1825 年，幕府《ばくふ》は異国船打払令《いこくせんうちはらいれい》を出し，日本に近づく外国船の撃退《げきたい》を命じた。

□1837 年，もと大阪町奉行所《おおさかまちぶぎょうしょ》の役人であった大塩平八郎《おおしおへいはちろう》が，飢《き》饉《きん》に苦しむ人々を救おうと反乱を起こした(大塩の乱)。

反乱は 1 日でしずめられたが，幕府に大きな衝撃《しょうげき》をあたえた。

❹ 天保の改革

□天保《てんぽう》の改革…老中《ろうじゅう》の水野忠邦《みずのただくに》が，幕府の立て直しをはかるために行った政治改革。

□天保の改革のおもな内容

株仲間《かぶなかま》の解散	物価の引き下げが目的。
倹約《けんやく》令	町人の派手な風俗《ふうぞく》を取りしまった。
江戸に出かせぎに来た農民を帰らせる	年貢《ねんぐ》の確保が目的。

江戸・大阪周辺の大名・旗本《はたもと》領を幕府の直轄《ちょっかつ》領にしようとした(上知令《じょうちれい》《あげちれい》)が，大名や旗本が反対したため中止された。

15 江戸時代④

❶ 啓蒙思想

□**啓《けい》蒙《もう》思想**…17 ～ 18 世紀にヨーロッパで広がった思想。合理的な考え方に基づいて，社会の進歩を唱えた。

□おもな啓蒙思想家

ロック	社会契約《けいやく》説と抵抗《ていこう》権を主張した。
モンテスキュー	三権分立を主張した。
ルソー	社会契約説と人民主権を主張した。

❷ イギリスの革命

□**ピューリタン(清教徒)革命**…1642 年，クロムウェルを指導者とする議会派が国王を処刑《しょけい》し，共和政を開始した。

→しかし，クロムウェルの死後，1660 年に王政が復活した。

□**名《めい》誉《よ》革命**…1688 年，議会が国王を追放し，オランダから新しい国王を迎《むか》えた。

→翌年，**権《けん》利《り》章《しょう》典《てん》**が定められ，議会政治の基《き》礎《そ》が確立した。

▼権利章典(部分要約)

> 第 1 条　議会の同意なしに，国王の権限によって法律とその効力を停止することは違《い》法《ほう》である。

❸ アメリカの独立

□1775 年，**イギリス**の植民地であったアメリカで独立戦争が始まり，翌年の 1776 年に**独立宣言**が発表された。

→戦争に勝利したアメリカは，ワシントンが初代大統領になった。

1787 年には，アメリカ合衆国憲法も制定された。

❹ フランス革命

□18 世紀後半のフランスでは，国王が強い権限を持つ**絶対王政**に対し，人々の不満が高まっていた。

□1789 年，政治に不満をもつ人々が**フランス革命**を起こした。
→自由や平等，人民主権などを主張する**人権宣言**を発表。

▼人権宣言

> 第１条　人間は，生まれながらにして自由かつ平等な権利をもつ。
> 第３条　すべて主権は，もともと国民にある。
> （部分要約）

□フランス革命が終わり，1804 年，**ナポレオン**が皇帝《こうてい》となると，ナポレオンはヨーロッパの大部分を征服《せいふく》し，支配下においた。

❺ ヨーロッパの動きと南北戦争

□ドイツ…**ビスマルク**が統一し，ドイツ帝国《ていこく》をつくった。

□ロシア…積極的に領土を拡大しようと**南下政策**を行ったが，失敗に終わった。

□アメリカ…1861 年，奴隷《どれい》制の廃止《はいし》と保護貿易を求める北部と，それに反対する南部の争いから**南北戦争**が始まった。
→奴隷解放宣言が出され，**リンカン**大統領の指導する北部が勝利した。

❻ 産業革命とその影響

□**産業革命**…18 世紀後半にイギリスで始まった，産業や社会のしくみの大きな変化。やがて各国にも広まった。

□**資本主義**…産業革命によって広まった経済のしくみ。資本家が労働者を雇《やと》い，自由に商品を生産し，販売《はんばい》するというもの。

□**社会主義**…労働者を中心に平等な社会をめざす考え方。

16 江戸時代⑤

❶ イギリスのアジア支配

□19 世紀前半，イギリスは清《しん》(中国《ちゅうごく》)との貿易赤字を解消するため，中国，インドとの**三角貿易**を開始した。

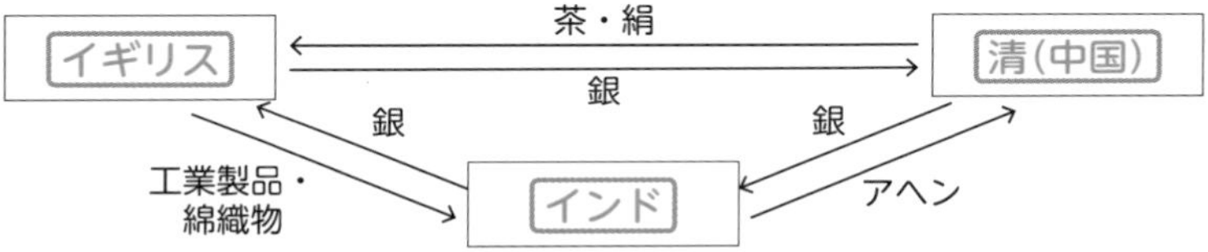

□清がアヘンの売買の取り締《し》まりを強化すると，イギリスは 1840 年，清との間に**アヘン戦争**を起こし，勝利した。

→ 1842 年に**南京《ナンキン》条約**が結ばれ，清から香港《ホンコン》をゆずり受け，多額の賠償《ばいしょう》金を得た。

□1851 年，アヘン戦争の賠償金支払いのため，重税に苦しんでいた清で，**太平天国《たいへいてんごく》の乱**が起こった。

□イギリスは，**綿織物**などの安くて質のよい工業製品を，大量にアジアへ輸出した。

→インドでは，伝統的な綿織物業が大きな打撃《だげき》を受けた。

▼綿織物の輸出額の変化

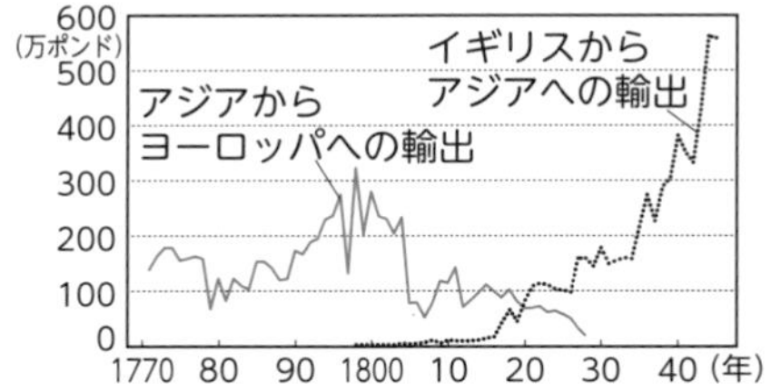

(松井透「世界市場の形成」)

□1857 年，イギリスに雇《やと》われていたインド人兵士(シパーヒー)の反乱をきっかけにして，**インド大反乱**が起こった。

→乱の平定後，イギリスはインド全土を直接支配した。

❷ 日本の開国

□1853 年，アメリカの ペリー が浦賀《うらが》（神奈川《かながわ》県）に来航した。

□1854 年，再び来航したペリーとの間に 日米和親条約 を結んだ。
→下田《しもだ》（静岡《しずおか》県），函館《はこだて》（北海道《ほっかいどう》）の 2 港を開港した。

▼開港した港

□1858 年，アメリカとの間に 日米修好通商条約 を結び，函館，神奈川（横浜《よこはま》）などの 5 港を開港して貿易を開始した。
→ 領事裁判権 を認め， 関税自主権 がない不平等条約であった。

❸ 江戸幕府の滅亡

□幕府《ばくふ》に対する不満から 尊王攘夷《そんのうじょうい》 運動がさかんになった。

□貿易が始まると，物価が 上昇《じょうしょう》 し，人々の生活が苦しくなった。

□江戸《えど》幕府の滅亡《めつぼう》までの流れ

年	おもなできごと
1858 ～ 59	安政《あんせい》の大獄《たいごく》 …大老《たいろう》の 井伊直弼《いいなおすけ》 が開国に反対する人々を処罰《しょばつ》する。
1860	桜田門外《さくらだもんがい》の変 が起こり，井伊直弼が暗殺される。
1866	倒幕《とうばく》を進めるため，土佐《とさ》藩（高知《こうち》県）出身の 坂本龍馬《さかもとりょうま》 らの仲立ちで 薩長《さっちょう》同盟 が結ばれる。
1867	15 代将軍徳川慶喜《とくがわよしのぶ》が 大政奉還《たいせいほうかん》 を行う。 天皇中心の新政府をつくることを宣言する 王政復古の大号令 が出される。
1868	旧幕府軍と新政府軍との間で 戊辰《ぼしん》戦争 が始まる。

17 明治時代①

❶ 明治維新

□明治維新《めいじいしん》…日本を近代的な国家にするために行われた改革。

□五箇条《ごかじょう》の御誓文《ごせいもん》…1868 年，明治天皇が神に誓《ちか》うという形で出された，新しい政治の方針。

□中央集権化のための政策

1869 年	版籍奉還《はんせきほうかん》を行い，大名がそれまで治めていた土地と人民を天皇に返上させた。
1871 年	藩《はん》を廃止《はいし》して府と県を置く廃藩置県《はいはんちけん》を行い，政府から府知事や県令を派遣《はけん》して治めさせた。

□藩閥《はんばつ》政府…倒幕《とうばく》の中心であった，薩摩《さつま》・長州《ちょうしゅう》・土佐《とさ》・肥前《ひぜん》の 4 つの藩出身者や少数の公家《くげ》が実権をにぎった政府。

□四民平等《しみんびょうどう》…江戸《えど》時代の身分制度を廃止し，皇族《こうぞく》以外はすべて平等であるとした。

→1871 年に「解放令」を出し，えた，ひにんなどの身分を廃止した。

❷ 3つの改革

学制《がくせい》	1872 年，学制を公布し，満 6 歳《さい》以上のすべての男女が小学校に通うことを義務づけた。
兵制	1873 年，徴兵令《ちょうへいれい》を出し，満 20 歳以上のすべての男子に 3 年間の兵役《へいえき》の義務を定めた。
税制	1873 年，地租改正《ちそかいせい》を実施《じっし》し，地価(土地の値段)の 3％を地租として，土地の所有者に現金で納めさせた。

③ 富国強兵と殖産興業

□富国強兵《ふこくきょうへい》…欧米《おうべい》諸国に対抗《たいこう》するために政府が掲《かか》げた，経済の発展と軍事力の強化をめざすための政策。

□殖産興業《しょくさんこうぎょう》…「富国」を実現するために，政府が近代産業を育成する政策。

▼富岡製糸場

→群馬《ぐんま》県につくられた富岡製糸場《とみおかせいしじょう》など，各地に官営模範《もはん》工場がつくられ，欧米の新しい技術を広めた。

富岡製糸場は世界遺産《いさん》に登録されている。

□1872 年，新橋《しんばし》～横浜《よこはま》間に鉄道が開通した。

→神戸《こうべ》～大阪《おおさか》間など，主要都市間を結ぶ鉄道が整備されていった。

□江戸時代の飛脚《ひきゃく》にかわって郵便制度がつくられ，電信網《もう》も整備された。

④ 文明開化

□文明開化《ぶんめいかいか》…政府が欧米の文化を積極的に取り入れたことから起こった，人々の生活の変化。れんがづくりの建物，馬車，ランプやガス灯などが増え，都市が近代化した。

□新しい思想

福沢諭吉《ふくざわゆきち》	『学問のすゝ《(す)》め』を著《あらわ》し，人間の平等や学問の大切さを説いた。
中江兆民《なかえちょうみん》	ルソーの思想を紹介《しょうかい》し，のちの自由民権運動《じゆうみんけんうんどう》に大きな影響《えいきょう》をあたえた。

18 明治時代②

❶ 明治初期の外交と領土の確定

□1871年，不平等条約の改正を目的に，岩倉具視《いわくらともみ》を全権大使とする岩倉使節団が，欧米《おうべい》に派遣《はけん》された。→改正交渉《こうしょう》には失敗。

□周辺諸国との関係

清《しん》	1871年，両国が対等の日清修好条規《にっしん》を結んだ。
朝鮮《ちょうせん》	1876年，軍事力を背景に，朝鮮にとって不平等な日朝修好条規を結び，開国させた。
ロシア	1875年，樺太《からふと》・千島《ちしま》交換《こうかん》条約を締結《ていけつ》。 →樺太をロシア領，千島列島を日本領とした。

□1869年，新政府は蝦夷《えぞ》地を北海道《ほっかいどう》と改称《かいしょう》し，開拓《かいたく》事業を進めた。
→農民と兵士を兼《か》ねた屯田兵《とんでんへい》が開拓の中心となった。

□1872年，新政府は琉球《りゅうきゅう》王国を廃止《はいし》し，琉球藩《はん》とした。
→1879年，琉球処分を行い，琉球藩を沖縄《おきなわ》県とした。

❷ 新政府への不満

□1873年，鎖国を続ける朝鮮を，武力を用いてでも開国させるという征韓論《せいかんろん》で敗れた西郷隆盛《さいごうたかもり》や板垣退助《いたがきたいすけ》らは政府を去った。

□武士としての特権を失った士族たちは，各地で反乱を起こした。
→1877年には西郷隆盛を中心に，最大の士族の反乱である西南戦争《せいなんせんそう》が起こったが，新政府軍に鎮圧《ちんあつ》された。

▼士族の反乱

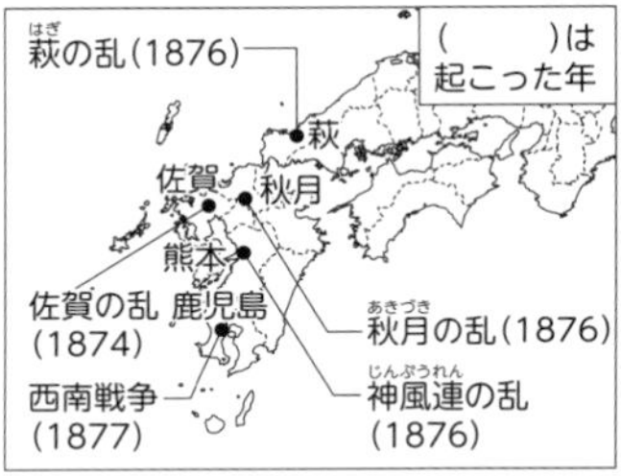

❸ 自由民権運動

□1874年，政府を去った板垣退助らは，国会の開設を求める民撰《みんせん》議院設立の建白書を政府に提出した。

→国民が政治に参加する権利を求める自由民権運動《じゆうみんけんうんどう》が拡大した。

□1880年，国会の開設を求める国会期成同盟が結成された。

□1881年，政府は国会開設の勅諭《ちょくゆ》を出し，10年後に国会を開くことを国民に約束した。

□板垣退助は1881年に自由党，大隈重信《おおくましげのぶ》は1882年に立憲改進党を結成した。

❹ 憲法の制定と国会の開設

□政府は伊藤博文《いとうひろぶみ》をヨーロッパへ派遣し，君主権の強いドイツ(プロイセン)を中心に，各国の憲法を調査させた。

□1885年，内閣制度がつくられ，伊藤博文が初代内閣総理大臣に就任した。

□1889年2月11日，大日本帝国《ていこく》憲法が発布された。

→主権は天皇。国民は法律の範囲《はんい》内で権利が認められた。

□1890年，第1回衆議院議員選挙が行われた。

→選挙権は，直接国税を15円以上納めている満25歳《さい》以上の男子にあたえられた。

▼大日本帝国憲法

第1条　大日本帝国ハ万世《ばんせい》一系ノ天皇之《コレ》ヲ統治ス

第3条　天皇ハ神聖ニシテ侵《おか》スベカラズ

第11条　天皇ハ陸海軍ヲ統《とう》帥《すい》ス　(部分)

有権者は，当時の人口のわずか約1.1%であった。

□1890年，忠君《ちゅうくん》愛国の道徳を示す教育勅語《ちょくご》が出された。

19 明治時代③

❶ 条約改正

□江戸《えど》幕府《ばくふ》が幕末に結んだ修好通商条約は，外国に**領事裁判権**を認め，日本に**関税自主権**がないという不平等なものだった。

□**帝国《ていこく》主義**…資本主義を発達させた欧米《おうべい》諸国が，経済力と軍事力を背景に，世界の植民地化を進めた動き。

→日本は，欧米諸国と対等の立場を得るために近代化政策を推進し，不平等条約の改正をめざした。

□不平等条約の改正

1894 年	外務大臣の**陸奥《むつ》宗光《むねみつ》**が**イギリス**と交渉《こうしょう》し，領事裁判権の撤廃《てっぱい》に成功した。
1911 年	外務大臣の**小村寿太郎《こむらじゅたろう》**が**アメリカ**と交渉し，関税自主権の完全な回復に成功した。

❷ 日清戦争と三国干渉

□1894 年，朝鮮《ちょうせん》で農民が蜂起《ほうき》し，**甲午《こうご》農民戦争**が起こった。

→鎮圧《ちんあつ》のために，朝鮮に清《しん》と日本が出兵し，衝突《しょうとつ》。

→**日清《にっしん》戦争**が始まった。

□1895 年，戦争は日本が勝利し，**下関《しものせき》条約**が結ばれた。

→清は朝鮮が独立国であると認め，日本に多額の賠償《ばいしょう》金を支払い，台湾《たいわん》や遼東《りょうとう》《リアオトン》半島などをゆずりわたした。

□**ロシア**はドイツとフランスをさそい，日本に対し，遼東半島を清に返還《へんかん》するよう要求した。これを**三国干渉《さんごくかんしょう》**という。

→３国の武力を恐《おそ》れた日本は，遼東半島の返還に応じた。

③ 日露戦争

□日清戦争後，列強諸国による中国分割《ぶんかつ》が進むと，1899 ~ 1900 年に外国勢力を排除《はいじょ》しようとする**義和団《ぎわだん》事件**が起こった。

→日本をふくむ連合軍によって鎮圧された。

□1902 年，満州《まんしゅう》に勢力を伸《の》ばしたロシアの南下政策に対抗《たいこう》するため，日本とイギリスが**日英《にちえい》同盟**を結んだ。

□1904 年，満州と朝鮮半島の支配権をめぐる争いから，日本とロシアの間で**日露《にちろ》戦争**が始まった。

□1905 年，アメリカの仲立ちで**ポーツマス条約**が結ばれた。

→ロシアは，韓国《かんこく》における日本の優越《ゆうえつ》権を認め，旅順《りょじゅん》《リュイシュン》や大連《だいれん》《ターリエン》の租借《そしゃく》権，長春《ちょうしゅん》《チャンチュン》より南の鉄道利権，北緯《ほくい》50 度以南の樺太《からふと》を日本にゆずりわたした。

□ポーツマス条約ではロシアから**賠償金**を得られず，国民の間に政府に対する不満が高まり，暴動が発生した。

▼日清・日露戦争の比較《ひかく》

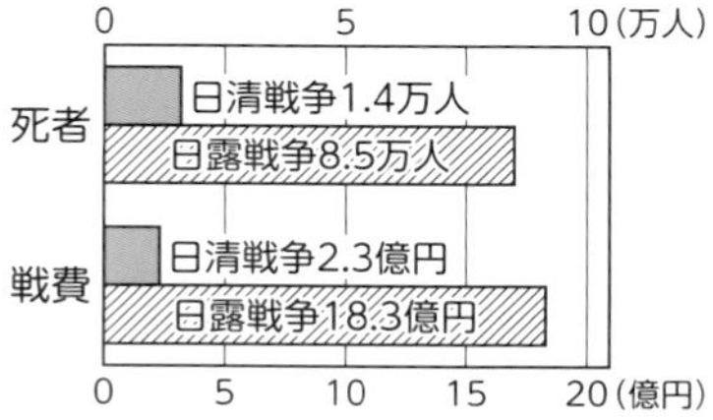

(「日本長期統計総覧」)

④ 韓国併合と辛亥革命

□1897 年，朝鮮は国号を**大韓帝国《だいかんていこく》(韓国)**と改めた。

→日本は，1910 年に**韓国併合《へいごう》**を行い，植民地化を進めた。

□1911 年，中国では**三民主義**を唱える**孫文《そんぶん》《スンウェン》**を中心に，清を倒《たお》して近代国家をつくろうとする**辛亥《しんがい》革命**が起こった。

→翌年，孫文を臨時大総統とする**中華民国《ちゅうかみんこく》**が建国された。

20 明治時代④

❶ 日本の産業革命

□日本では，1880 年代後半から，紡績《ぼうせき》や製糸などの軽工業を中心に産業革命が起こった。

→綿糸の国内生産量が増え，輸出量が輸入量を上回った。

▼綿糸の生産量と貿易のようす

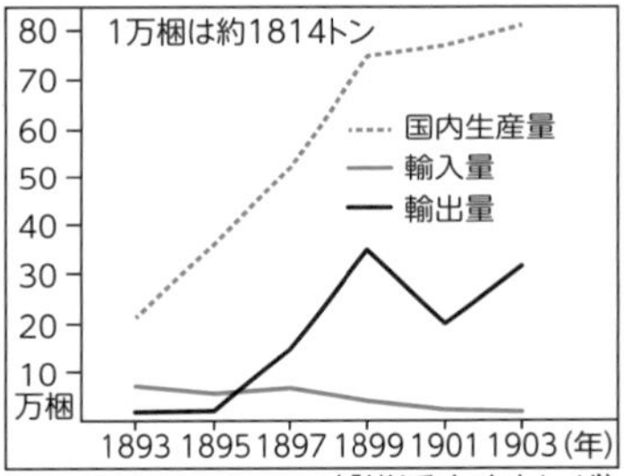

(「横浜市史」など)

□1901 年，官営の八幡《やはた》製鉄所が操業を開始した。

→その後，鉄鋼や造船などの重工業も発達した。

八幡製鉄所は日清《にっしん》戦争の賠償《ばいしょう》金の一部を用い，現在の福岡《ふくおか》県北《きた》九州《きゅうしゅう》市に建設された。

□三井《みつい》・三菱《みつびし》・住友《すみとも》・安田《やすだ》などの資本家の一族は，日本経済を支配する財閥《ざいばつ》へと成長した。

❷ 社会問題の発生

□資本主義経済の発達…低賃金労働者や長時間労働，公害問題など，さまざまな社会問題も発生した。

→政府は 1911 年に工場法を制定し，労働条件の改善を図った。

▼女子工員の一日

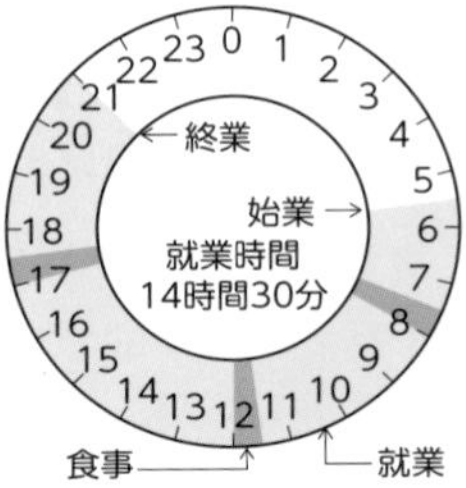

□栃木《とちぎ》県の足尾《あしお》銅山で発生した鉱毒事件では，地元選出の衆議院議員であった田中正造《たなかしょうぞう》らが，被害《ひがい》者救済の運動を行った。

③ 近代の文化

□近代の美術と文学

美術	・アメリカ人のフェノロサやその弟子の岡倉天心《おかくらてんしん》が日本美術の復興に努めた。 ・日本画の横《よこ》山《やま》大《たい》観《かん》や洋画の黒《くろ》田《だ》清《せい》輝《き》らが活躍《かつやく》した。
文学	・二《ふた》葉《ば》亭《てい》四《し》迷《めい》…言文一致《いっち》体（口語体）で小説を書いた。 ・正《まさ》岡《おか》子《し》規《き》…俳句《はいく》や短歌の革新に努めた。 ・与《よ》謝《さ》野《の》晶《あき》子《こ》…「君死にたまふ《(う)》ことなかれ」をよんだ。 ・樋《ひ》口《ぐち》一《いち》葉《よう》…「たけくらべ」などを書いた。 ・夏《なつ》目《め》漱《そう》石《せき》…「吾輩《わがはい》は猫《ねこ》である」などを書いた。 ・森《もり》鷗《おう》外《がい》…「舞姫《まいひめ》」などを書いた。

④ 教育の広がりと学問の発展

□小学校の就学率は年々増加し，義務教育の期間も３，４年から６年に延長された。

□自然科学の分野では，世界的な研究を行う科学者も現れた。

▼就学率の変化

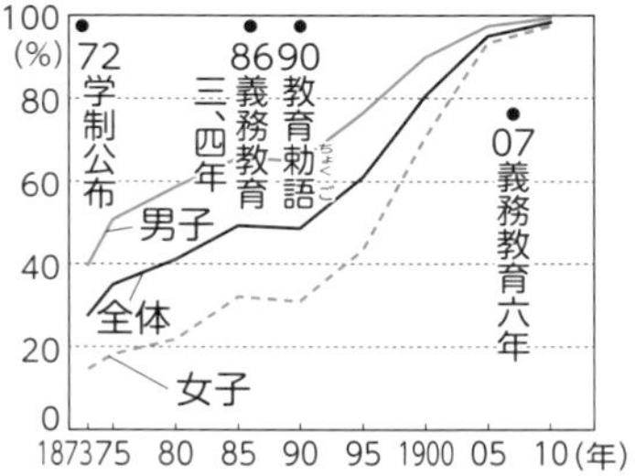

（「学制百年史」）

□おもな自然科学者

北《きた》里《さと》柴《しば》三《さぶ》郎《ろう》	破《は》傷風《しょうふう》の血清療法《けっせいりょうほう》を発見した。
志《し》賀《が》潔《きよし》	赤《せき》痢《り》菌《きん》を発見した。
野《の》口《ぐち》英《ひで》世《よ》	黄熱病《おうねつびょう》の研究を行った。 →研究中に自分も黄熱病にかかり，死亡した。

+α 地形図の読み取り

❶ 地形図の読み取り

□方位…ふつう，地形図では上が北になる。

□縮尺《しゅくしゃく》…実際の距離《きょり》を縮《ちぢ》めた割合。５万分の１，２万５千分の１などの種類がある。

□実際の距離＝地図上の長さ×縮尺の分母

□等高線…同じ高さの土地を結んだ線。

→間隔《かんかく》が広いほど傾斜《けいしゃ》はゆるやかで，せまいほど傾斜は急。

等高線の種類		５万分の１ 地形図	２万５千分の１ 地形図
計曲線	―	100m ごと	50 m ごと
主曲線	―	20m ごと	10 m ごと

□地図上では，土地利用や建物などは，地図記号を用いて表されることが多い。

▼主な地図記号

田		市(区)役所	
畑・牧草地		警察署	
果樹園		消防署	
茶　畑		郵便局	
広葉樹林		神　社	
針葉樹林		寺院	

＋α 漢字の読み書きの練習

□次の各文の――線部の漢字の読みを答えなさい。

(1)ヘビは昔は神様の化身［けしん］とされることもあった。

(2)電話で用件を承［うけたまわ］る。

(3)食料の有無［うむ］を調べる。

(4)確認［かくにん］に手間取る。

(5)今日は黄砂［こうさ］がたくさん舞《ま》うらしい。

□次の各文の――線部を漢字で答えなさい。必要であれば送りがなも答えなさい。

(1)君のためになるならホンモウ［本望］だよ。

(2)お祝いの日におカシラ［頭］つきの鯛《たい》を食べた。

(3)後輩《こうはい》への指導に時間をサク［割く］。

(4)神社のケイダイ［境内］でおみくじをひく。

(5)清掃《せいそう》活動のためにたくさんの有志がツドウ［集う］。

(6)大きなウツワ［器］に果物《くだもの》を盛る。

□和歌集…鎌倉時代初期の「新古今和歌集」は、平安時代までに編まれた「万葉集」、「古今和歌集」とあわせて三大和歌集とされる。

□軍記物語…平家《へいけ》一門の盛衰《せいすい》を描《えが》いた平家物語、南北朝の対立を描いた「太平記」など。

□その他…松尾芭蕉《まつおばしょう》による「おくのほそ道」、井原西鶴《いはらさいかく》による「日本永代蔵《にっぽんえいたいぐら》」など。

③ 近代・現代の文学（明治時代～）

□文明開化～大衆文化の発展～二度の世界大戦という時代の流れを反映し、様々な文学が生まれた。

・二葉亭四迷《ふたばていしめい》…小説「浮雲《うきぐも》」を、話し言葉と書き言葉を一致《いっち》させた言文一致の文体で著《あらわ》した。

・森鷗外《もりおうがい》…軍医としても活躍《かつやく》。「舞姫《まいひめ》」「山椒大夫《さんしょうだゆう》」「阿部一族《あべいちぞく》」などを執筆した。

・夏目漱石《なつめそうせき》…「坊《ぼ》っちゃん」「吾輩《わがはい》は猫《ねこ》である」などを執筆した。

・芥川龍之介《あくたがわりゅうのすけ》…「鼻」「羅生門《らしょうもん》」などを執筆した。

・太宰治《だざいおさむ》…「斜陽《しゃよう》」「人間失格」などを執筆した。

□韻文《いんぶん》…俳句や短歌の革新運動を行った正岡子規《まさおかしき》、歌集「一握《いちあく》の砂」を著した石川啄木《いしかわたくぼく》らが活躍。

□プロレタリア文学…労働者階級の生活を描いた文学。小林多喜二《こばやしたきじ》の「蟹工船《かにこうせん》」など。

□ノーベル文学賞…世界的な権威《けんい》のある賞。日本人では川端康成《かわばたやすなり》と大江健三郎《おおえけんざぶろう》の二名が受賞している（二〇二一年現在）。

11 文学史

❶ 上代・中古の文学（〜平安時代）

□歴史書…国家の仕組みが整うにつれ、国の歴史を確認《かくにん》しようとする動きが起こった。

・古事記…七一二年、稗田阿礼《ひえだのあれ》が暗誦《あんしょう》していた神話や伝説を太安万侶《おおのやすまろ》がまとめたもの。

・日本書紀…時系列順に歴史を記述する編年体で書かれた歴史書。

□和歌集…奈良《なら》時代以降、多くの和歌集が編纂《へんさん》された。

・万葉集…大伴家持《おおとものやかもち》が中心となって編纂されたといわれる、現存する日本最古の和歌集。

・古今《こきん》和歌集…紀貫之《きのつらゆき》、紀友則《きのとものり》らによって編纂。天皇の勅命《ちょくめい》で編纂された最初の勅撰《ちょくせん》和歌集。

□かな文字の誕生…漢字を変形させたひらがな・カタカナが生まれ、特に女性による文学が栄えた。

・清少納言《せいしょうなごん》…平安《へいあん》時代中期に、「枕草子《まくらのそうし》」を執筆《しっぴつ》した。ジャンルは随筆《ずいひつ》。

・紫式部《むらさきしきぶ》…平安時代中期に、「源氏物語《げんじものがたり》」を執筆した。

❷ 中世・近世の文学（鎌倉時代〜江戸時代）

□随筆…鴨長明《かものちょうめい》の「方丈記《ほうじょうき》」、兼好法師《けんこうほうし》の「徒然草《つれづれぐさ》」など。この二つは平安時代の「枕草子」とあわせて三大随筆とされる。

代表的な漢詩は唐代《とうだい》に完成した近体詩と呼ばれる詩で、その形式は、四句からなる**絶句**と、八句からなる**律詩**とに分けられる。形式ごとにいくつかのきまりがある。

①**押韻**…リズムを整えるために、同じ韻(同じ響《ひび》き)をもつ漢字を置くこと。押韻する位置は漢詩の形式によって決まっている。

②起承転結と聯…絶句の第一句〜第四句をそれぞれ、**起句・承句・転句・結句**と呼ぶ。律詩の第一・二句を「首聯」、第三・四句を「頷聯」、第五・六句を「頸聯」、第七・八句を「尾聯」と呼ぶ。

③**対句**…文の構造が同じ(もしくは似ている)二つの句を並べること。対句にする箇所は漢詩の形式によって決まっている。

・絶句…対句にしなければならない箇所はないが、起句と承句、転句と結句をそれぞれ対句にすることがある。

・律詩…原則として第三・四句、第五・六句を対句にする。

10 漢詩

❶ 漢詩のきまり

□次の□にあてはまる言葉をそれぞれ答えなさい。

(1)漢詩のうち、一句が五文字で八句からなるものを五言律詩といい、第二・四・六・八の句末を押韻《おういん》するきまりがある。また、第三句と第四句、第五句と第六句を対句《ついく》にする決まりがある。

(2)次の漢詩は全体が四句からなり、一句の文字数が七字なので七言絶句である。

黄鶴楼《くわうかくろう》にて孟浩然《まうかうねん》の広陵《くわうりよう》に之《ゆ》くを送る　李白《りはく》

故人西ノカタ辞シ二黄鶴楼ヲ一
煙《えん》花《くわ》三月下ル二揚《やう》州《しう》ニ一
孤《こ》帆《はん》ノ遠《ゑん》影《えい》碧《へき》空《くう》ニ尽《つ》キ
唯《た》ダ見ル長《ちやう》江《かう》ノ天際ニ流ルルヲ

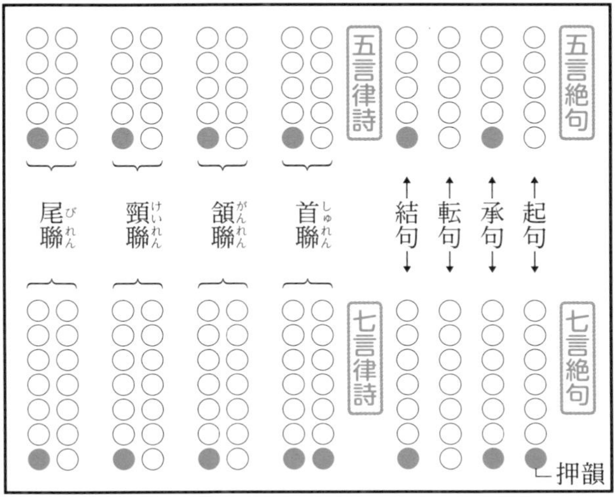

❷ 短歌の表現技法

□次の短歌の――線部で用いられている表現技法をそれぞれ答えなさい。

(1) 垂乳根《たらちね》の　母が釣《つ》りたる　青蚊帳《あおがや》を　すがしといねつ　たるみたれども　長塚節《ながつかたかし》
倒置法《とうちほう》

(2) 不来方《こずかた》の　お城の草に　寝《ね》ころびて　空に吸はれし　十五の心　石川啄木《いしかわたくぼく》
体言止め

(3) ぬばたまの　夜の更《ふ》けゆけば　久木生《ひさぎお》ふる　清き川原に　千鳥しば鳴く　山部赤人《やまべのあかひと》
枕詞《まくらことば》

短歌ではさまざまな表現技法が用いられる。

・枕詞…特定の言葉の前に置いて調子を整える五音の言葉。

例　葦引《あしびき》の　山鳥の尾《お》の　しだり尾の　ながながし夜を　ひとりかも寝む　柿本人麻呂《かきのもとのひとまろ》

「葦引の(あし引きの)」が「山」の前に置かれる枕詞である。

・体言止め…結句を体言(名詞)で止めて余韻《よいん》を残す。

例　春過ぎて　夏来にけらし　白妙《しろたへ》の　衣《ころも》ほすてふ　天《あま》の香久山《かぐやま》　持統天皇《じとう》

・倒置法…主語(部)と述語(部)、修飾語《しゅうしょく》(部)と被修飾語《ひしゅうしょく》(部)などの語順を通常とは逆にする。

例　親馬の　道をいそげば　きりにぬれて　子馬も走る　いななきながら　橋田東声《はしだとうせい》

・反復法…語句をくり返して強調する。

例　みちのくの　母のいのちを　ひと目見ん　ひと目見んとぞ　ただにいそげる　斎藤茂吉《さいとうもきち》

・比喩《ひゆ》…あるものを他のものにたとえる。

9 短歌

❶ 短歌

□次の短歌が何句切れかをそれぞれ答えなさい。

(1) 白鳥は　かなしからずや　空の青　海のあをにも　染まずただよふ　若山牧水《わかやまぼくすい》

二句切れ

(2) 牡丹花《ぼたんか》は　咲《さ》き定まりて　静かなり　花の占《し》めたる　位置の確かさ　木下利玄《きのしたりげん》

三句切れ

短歌は、五・七・五・七・七の五句三十一音からなる定型詩。決められた音数より少ないものを字足らず、多いものを字余りという。また、意味のつながりが切れる部分(「。」が入れられる部分)を句切れという。終止形になっているところや、体言(名詞)で終わっているところで意味のつながりが切れて句切れとなることが多い。句切れのない短歌もある。

第一句(初句)　第二句　第三句　第四句　第五句(結句)

例 心なき　身にもあはれは　知られけり　鴫《しぎ》立つ沢《さは》の　秋の夕ぐれ　西行法師《さいぎょうほうし》

上の句　下の句

(趣《おもむき》を理解しない出家のこの身にもしみじみとあわれが感じられることだ。 鴫が飛び立つ沢の秋の夕暮れであるよ。)

意味の切れ目＝三句切れ

❷ 同音異義語

□次の各文の□にあてはまる熟語をそれぞれ答えなさい。

(1) ツイキュウ
- 責任を追及する。
- 利潤《りじゅん》を追求する。
- 真理を追究する。

(2) セイサン
- 勝利の成算。
- 代金の精算。
- 借金を清算する。

(3) イギ
- 異議を唱える。
- 意義ある発言。
- 威儀を正す。

(4) カンシン
- 寒心に堪《た》えない。
- 感心な行いだ。
- 政治に関心をもつ。
- 人の歓心を買う。

□次の各文のカタカナを、それぞれ漢字に直しなさい。

(1) コウセイな判決を下す。　公正

(2) 人工エイセイを打ち上げる。　衛星

(3) 隣《となり》の部署にイドウする。　異動

(4) 預金の残高をショウカイする。　照会

(5) 試験のカイトウを配る。　解答

(6) 消化キカンの調子がよくない。　器官

漢字の音読みが同じで、意味が異なる熟語を同音異義語という。

8 同訓異字・同音異義語

❶ 同訓異字

□次の各文の□にあてはまる漢字と送りがなをそれぞれ答えなさい。

(1) おさめる
- 一国を治める。
- 英文学を修める。
- 年会費を納める。
- 成果を収める。

(2) つとめる
- 会社に勤める。
- 主役を務める。
- 解決に努める。

(3) あう
- サイズの合う上着。
- 旧友と久々に会う。
- ひどい目に遭う。

(4) あつい
- とても厚い辞書。
- 今年の夏は暑い。
- 熱いお湯に注意。

(5) さす
- お説教に嫌気《いやけ》が差す。
- 方位磁針が北を指す。
- 食材に串《くし》を刺す。
- 花を花瓶《かびん》に挿す。

漢字の訓読みが同じで、意味が異なる言葉を同訓異字という。

❷ 尊敬・謙譲の意味を表す特別な言葉

□次の各文の――線部を、適切な敬語に直しなさい。

(1) あなたの言うことはもっともです。　おっしゃる(言われる)

(2) 社長からプレゼントをもらった。　いただいた(頂戴《ちょうだい》した)

(3) 皆様《みなさま》どうぞ昼食を食べてください。　召《め》し上がって

(4) 今から先生の家に行きます。　参り(うかがい)

「お～になる」や「お～する」の形ではない特別な形の敬語もある。

通常の表現	尊敬語	謙譲語
行く・来る	いらっしゃる・おいでになる	参る・うかがう
いる	いらっしゃる・おいでになる	おる
する	なさる	いたす
言う	おっしゃる	申す・申し上げる
食べる	召し上がる	いただく
見る	ご覧になる	拝見する

国語

7 敬語

❶ 敬語の種類

□次の各文の――線部の敬語の種類を答えなさい。

(1)お客様がお着きになる。　尊敬語　(2)手紙をお送りする。　謙譲語《けんじょうご》

敬語は、話し手(書き手)が、聞き手(読み手)や話題の中の人物に対して敬意を表す言葉。尊敬語・謙譲語・丁寧《ていねい》語の三種類がある。

①尊敬語…話題の中の動作や行為《こうい》をする人に対して敬意を表す。

・「お(ご)~になる(なさる)」の形　例 先生が話す。→先生がお話しになる。

・尊敬の助動詞「れる」「られる」を用いる形　例 社長が来る。→社長が来られる。

・接頭語・接尾《せつび》語を用いる形　例 御社《おんしゃ》　山田《やまだ》様

②謙譲語…自分自身や身内の動作などをへりくだることで、動作の受け手に対して敬意を表す。

・「お(ご)~する(いたす)」の形　例 先生に話す。→先生にお話しする。

・接頭語・接尾語を用いる形　例 弊社《へいしゃ》　粗品《そしな》　わたくしめ

③丁寧語…話し手(書き手)が、聞き手(読み手)に敬意を表す。

例 私のかばんです。　本を読みます。　こちらでございます。

・**連用修飾《しゅうしょく》語**であることを示す…「を」「に」「へ」「から」「より」「で」など

例 文法を学ぶ。 京都へ行く。 パソコンで計算する。

・**連体修飾語**であることを示す…「の」 例 あなたの話はおもしろいね。

・**並立《へいりつ》**の関係であることを示す…「と」「や」など 例 肉と魚のどちらを食べますか。

・体言の代用を示す…「の」 例 遠足に行くのは無理だね。

→体言「こと」に置き換《か》えられる

②**接続助詞**…主に用言や助動詞について、前後の文節をつないで、その関係を示す。

・**順接**の関係を示す…「ので」「ば」「から」「と」「て(で)」など 例 雨が降ったので、帰る。

・**逆接**の関係を示す…「が」「けれど(けれども)」「ても(でも)」「のに」など

例 寒いけれど心地《ここち》よい。

・**並立**の関係を示す…「たり(だり)」「し」「て(で)」など 例 泣いたり笑ったりを繰《く》り返す。

③**副助詞**…いろいろな語について意味を添える。「さえ」「くらい(ぐらい)」「は」「も」など

例 あと十分くらいで着きます。

④**終助詞**…文の終わりや文節の切れ目について意味を添える。「ね(ねえ)」「わ」「よ」など

例 少し待っていてね。

6 付属語②

❶ 助詞

□次の各文の――線部の助詞の種類を答えなさい。

(1)電車が遅《おく》れたので、遅刻《ちこく》してしまった。　格助詞

(2)一緒《いっしょ》にサッカーも見に行ったし、スキーもしたね。　接続助詞

(3)君にだけは言うけれど、僕《ぼく》は大阪《おおさか》へ引っ越《こ》すんだ。　副助詞

(4)遅《おそ》い時間に寝《ね》たので、起きるのがつらい。　格助詞

(5)私も一緒に学校へ行くわ。　終助詞

(6)暑いので、熱中症《ねっちゅうしょう》に気をつけてください。　接続助詞

(7)料理はいらないから、飲み物だけ注文した。　副助詞

活用しない付属語で、文節と文節の関係を示したり語に意味を添《そ》えたりする働きのある語を助詞といい、その働きから格助詞、接続助詞、副助詞、終助詞の四つの種類に分けられる。

①格助詞…主に体言について、その文節がほかの文節とどのような関係にあるかを示す。

・主語であることを示す…「が」「の」 例 電車が遅れる。　私の持っている本。

接続…動詞や一部の助動詞の未然形に接続する。　例　出かけない

・「れる」「られる」

意味…受け身（ほかから動作を受ける）　例　背中をたたかれる。　歌をほめられる。
可能（〜することができる）　例　六時までになら行かれる。　一人で着られる。
尊敬（動作主への敬意を表す）　例　先生が話される。　お客様は十時には出られる。
自発（心の動きなどが自然とそうなる）　例　小学校時代が思い出される。　将来が案じられる。

接続…主に動詞の未然形に接続する。　例　書かれる　見られる

・「そうだ」

意味…様態（ものの状態や行動の様子）　例　雨が降りそうだ。　もうすぐ終わりそうだ。
伝聞（人から伝え聞いたこと）　例　雨が降るそうだ。　もうすぐ終わるそうだ。

接続…様態の「そうだ」は動詞の連用形などに、伝聞の「そうだ」は用言や助動詞の終止形に接続する。　例　転びそうだ　来るそうだ

・「まい」

意味…否定の推量（〜しないだろう）　例　期日までには終わるまい。
否定の意志（〜しないつもりだ）　例　決して泣くまい。

接続…五段活用動詞と一部の助動詞の終止形か、五段活用以外の動詞と一部の助動詞の未然形に接続する。　例　笑うまい　信じまい

5 付属語①

❶ 助動詞

□次の各文の――線部の助動詞の意味を答えなさい。

(1) 亡《な》き祖母のことがしのばれる。　自発

(2) 日曜日は働かない。　否定

(3) 弟に家のかぎをかけさせる。　使役《しえき》

(4) もうすぐ新しい先生が来るそうだ。　伝聞

(5) これ以上はなまけまいと誓《ちか》った。　否定の意志

助動詞は活用する付属語で、様々な語について意味を添《そ》える働きのある語である。主な助動詞には次のようなものがある。

・「せる」「させる」

意味…使役（ほかの人や物に何かをさせる）　例　レポートを出させる。　学校まで来させる。

接続…動詞の未然形に接続する。　例　書かせる　受けさせる

・「ない」「ぬ（ん）」

意味…否定（動作・作用・状態などを打ち消す）　例　自動車が動かない。　もう歩けぬ。

③ 連体詞

□連体詞は、活用しない自立語で、常に体言を修飾する。 例 わが家の決まり。 大きな声で言う。

連体詞は、形容動詞と混同しやすい。言い切りの形が「だ・です」になるものは形容動詞である。

例 ・さわやかな朝→言い切りの形が「さわやかだ」なので形容動詞。

・おかしな話→「おかしな」は活用がないので連体詞。

④ 接続詞

□接続詞は、活用しない自立語で、前後の文や語をつなぐ働きをする接続語になる。

・順接…前に述べた事がらが、あとに述べることの原因・理由となる。 例 だから それで

・逆接…前に述べた事がらとは逆の事がらがあとにくる。 例 しかし でも

・並立《へいりつ》（並列）・累加《るいか》（添加《てんか》）…前に述べた事がらに何かを並べたり、付け加えたりする。 例 また

・対比・選択《せんたく》…前に述べた事がらと比べたり、どちらかを選んだりする。 例 または あるいは

・説明・補足…前に述べた事がらについて説明や補足をする。 例 つまり なぜなら

・転換《てんかん》…前に述べたことから話題を変える。 例 ところで では

⑤ 感動詞

□感動詞は、活用しない自立語で、独立語になる。

感動（あら、大変）、応答（はい、そうです）、呼びかけ（もしもし、田中《たなか》です）などがある。

4 自立語②

❶ 名詞

□名詞は、活用しない自立語で、**主語**になることができる。例 空が青い。 とびらが閉まる。

・**普通《ふつう》名詞**…一般的《いっぱんてき》な物事の名称《めいしょう》を表す。例 山 花 自転車

・**代名詞**…人を指し示す**人称代名詞**、物事・場所・方向を指し示す**指示代名詞**がある。例 私 ここ

・**固有名詞**…人名や地名など、特定の物事の名称を表す。例 東京 徳川家康《とくがわいえやす》

・**数詞**…数量や順序などを表す。例 一本 三階

・**形式名詞**…もとの意味が薄《うす》れ、必ず他の語に修飾《しゅうしょく》されて使われる。例 楽しいこと 思ったとおり

❷ 副詞

□副詞は、活用しない自立語で、**様子**や**状態**、**程度**を表す。主に用言を修飾する。
例 かなり きっと ゆっくり

・**状態**の副詞…「どのように」という状態を表す。擬音《ぎおん》(声)語や擬態語も状態の副詞。

・**程度**の副詞…「どのくらい」という程度を表す。体言や、他の副詞を修飾する場合もある。

・**呼応**の副詞…あとに特定の表現がくる。例 きっと〜だろう。 少しも〜ない。 まるで〜ようだ。

❷ 形容詞と形容動詞

□次の各文の――線部の品詞名と活用形をそれぞれ答えなさい。

(1) この浅い川をわたろう。　品詞…形容詞　活用形…連体形

(2) 静かに話を聞こう。　品詞…形容動詞　活用形…連用形

形容詞と形容動詞はいずれも活用する自立語で、状態や性質を表す。

・形容詞…言い切りが「い」になる。例 楽しい　おいしい

・形容動詞…言い切りが「だ・です」になる。例 静かだ　元気です

基本形	語幹	未然形	連用形	終止形	連体形	仮定形	命令形
白い	白	かろ	かっ く・う	い	い	けれ	○
きれいだ	きれい	だろ	だっ で・に	だ	な	なら	○
きれいです	きれい	でしょ	でし	です	(です)	○	○

3 自立語①

① 動詞

□次の文から動詞を含《ふく》む文節を、すべて抜《ぬ》き出しなさい。

その子は迷わないで家に着いた。

迷わないで・着いた

動詞は、活用する自立語。動作・作用・存在を表し、言い切りがウ段の音になる。

・自動詞…主語の動作や作用などを表す。

・他動詞…主語以外におよぶ動作や作用を表す。

・活用するときに形の変わる部分を活用語尾《ごび》、変わらない部分を語幹という。

活用の種類	基本形	語幹	未然形	連用形	終止形	連体形	仮定形	命令形
五段	書く	書	か・こ	き・い	く	く	け	け
上一段	起きる	起	き	き	きる	きる	きれ	きろ・きよ
下一段	食べる	食	べ	べ	べる	べる	べれ	べろ・べよ
カ行変格	来る	○	こ	き	くる	くる	くれ	こい
サ行変格	する	○	し・せ・さ	し	する	する	すれ	しろ・せよ

❷ 三字熟語・四字熟語の構成

□次の熟語の組み立てと同じものを、それぞれア～エの中から選び、記号で答えなさい。

(1) 非常識　イ　　(2) 高等教育　エ

〔ア 雪月花　イ 無条件　ウ 晴耕雨読　エ 集団下校〕

三字熟語は、「二字熟語＋一字」「一字＋二字熟語」の形で構成されているものが多い。

- 二字熟語と一字が修飾・被修飾の関係になっているもの　例「案内板」―案内＋板
- 二字熟語に打ち消しの接頭語や、接尾語がつくもの　例「不十分」―不＋十分
- 三字が対等に並んでいるもの　例「衣食住」―衣＋食＋住

四字熟語は、「二字熟語＋二字熟語」の形で構成されているものが多い。

- 上の二字と下の二字とが主語・述語の関係　例「言行一致《いっち》」―言行が（主語）　一致する（述語）
- 上の二字と下の二字とが修飾・被修飾の関係　例「日常生活」―日常の（修飾語）　生活（被修飾語）
- 上の二字と下の二字が似た意味　例「完全無欠」―完全≒無欠
- 上の二字と下の二字が反対の意味　例「質疑応答」―質疑↔応答

2 熟語の構成

□次の熟語の組み立てと同じものを、それぞれア〜ウの中から選び、記号で答えなさい。

(1)加熱 ウ　(2)難易 イ　〔ア 鉄橋　イ 軽重　ウ 決意〕

❶ 二字熟語の構成

二字熟語の構成は、それぞれの漢字の関係によって分けられる。

・同じ字を重ねたもの 例「国々」(「々」は繰《く》り返しを表す踊《おど》り字)「少々」「楽々」

・似た意味の字を組み合わせたもの 例「寒冷」— 寒(い) ≒ 冷(える)

・反対の意味の字を組み合わせたもの 例「強弱」— 強(い) ↔ 弱(い)

・上下の字が主語と述語の関係になっているもの 例「国営」— 国が(主語) 営む(述語)

・上の字が下の字を修飾《しゅうしょく》しているもの 例「再会」— 再び(修飾語) 会う(被修飾《ひしゅうしょく》語)

・下の字が上の字の目的や対象を示しているもの 例「作文」— 作る 文を(文を作る)

・接頭語「不・無・非・未」などの打ち消しの語や「御」などがつくもの 例「不明」「御礼《おれい》」

・接尾語《せつびご》「化・性・的・然」などがつくもの 例「美化」「個性」「私的」「雑然」

・長い熟語を省略したもの 例「国連」— 国際連合 「高校」— 高等学校

(3)打ち消しの語がつくもの

例　有効↕無効　満足↕不満　決定↕未定　有害↕無害

(4)全体で対義語となるもの

例　過去↕現在　理性↕感情　抽象《ちゅうしょう》↕具体　一瞬《いっしゅん》↕永遠

反対の意味、または対になる意味をもつ言葉同士のことを対義語という。

例　男↕女　立つ↕座《すわ》る　高い↕低い　上昇《じょうしょう》↕下降　賛成↕反対

③ 多義語

□次の各文の――線部の言葉の文中での意味としてふさわしいものを、それぞれア～ウの中から選び、記号で答えなさい。

(1)甘《あま》い果物を買う。　［イ］

(2)甘い誘《さそ》いにつられる。　［ア］

(3)母は妹に甘い。　［ウ］

ア　人をたぶらかす
イ　糖分が豊富にある
ウ　厳しさがない

一つの語で複数の意味や用法をもつ言葉のことを多義語という。多義語の意味は文脈から判断することができる。

1 類義語・対義語・多義語

❶ 類義語

□次の□にあてはまる漢字一字、または二字の熟語を答えなさい。

(1)願望―希望　(2)休養―静養　(3)方法―手段　(4)収入―所得

意味が同じ、または似た意味をもつ言葉同士のことを類義語という。類義語は複数ある場合もある。

例　返す―戻《もど》す　欠点―短所　信用―信頼《しんらい》　不安―心配

❷ 対義語

□次の各熟語の対義語を、例にならって答えなさい。

(1)一字が対《つい》になり、一字が共通するもの

例　進化↕退化　輸入↕輸出　鈍感《どんかん》↕敏感《びんかん》　直接↕間接

(2)二字がそれぞれ対になるもの

例　増加↕減少　拡大↕縮小　寒冷↕温暖　分散↕集中

国語

スマホで一問一答！

●編　者
数研出版編集部
●カバー・表紙デザイン
株式会社クラップス
●写真出典
国立国会図書館蔵

初版
第 1 刷　2021年12月 1 日　発行

発行者　星野 泰也
ISBN978-4-410-15546-8

本とスマホでどこでも！ 5教科ポイントまとめ　中2

発行所　数研出版株式会社

〒101-0052 東京都千代田区神田小川町 2 丁目 3 番地 3
〔振替〕00140-4-118431
〒604-0861 京都市中京区烏丸通竹屋町上る大倉町205番地
〔電話〕代表 (075)231-0161
ホームページ　https://www.chart.co.jp

印刷　河北印刷株式会社